SEINE-ET-MARNE

ESSAI DE BIBLIOGRAPHIE

DÉPARTEMENTALE,

ou

CATALOGUE DES OUVRAGES

IMPRIMÉS ET MANUSCRITS,

OPUSCULES, BROCHURES, CARTES ET PLANS, ETC.,

tant anciens que modernes,

ayant pour objet le département de Seine-et-Marne et les pays dont il est formé,

Sous les différents rapports historique, descriptif, statistique, topographique, archéologique et biographique,

Par Th. LHUILLIER.

A MEAUX,

AU BUREAU DU JOURNAL DE SEINE-ET-MARNE.

A PARIS,

Chez Ledoyen, libraire, Palais-Royal, galerie vitrée, 31,

et chez les principaux libraires du dép' de Seine-et-Marne.

——

1857.

Q

L'appel

SEINE-ET-MARNE.

ESSAI DE BIBLIOGRAPHIE DÉPARTEMENTALE.

SEINE-ET-MARNE

ESSAI DE BIBLIOGRAPHIE

DÉPARTEMENTALE,

OU

CATALOGUE DES OUVRAGES

IMPRIMÉS ET MANUSCRITS,

OPUSCULES, BROCHURES, CARTES ET PLANS, ETC.,

tant anciens que modernes,

ayant pour objet le département de Seine-et-Marne et les
pays dont il est formé,

*Sous les différents rapports historique, descriptif,
statistique, topographique, archéologique
et biographique,*

Par Th. LHUILLIER.

A MEAUX,

AU BUREAU DU JOURNAL DE SEINE-ET-MARNE.

A PARIS,

Chez **Ledoyen**, *libraire, Palais-Royal, galerie
vitrée,* 31,

Et chez les principaux libraires du dép' de Seine-et-Marne.

1857.
1858

AVANT-PROPOS.

—

Quoiqu'on se soit beaucoup occupé de recherches bibliographiques, depuis un siècle surtout, le département de Seine-et-Marne sera l'un des premiers en France à posséder sa bibliographie, si nous avons réussi dans notre essai (1).

La Bibliothèque historique de France, du P. Jacques Lelong, continuée par Fontette et autres, bon ouvrage du genre, mais qui commence à

(1) Les provinces de Bourgogne, du Dauphiné et du Maine, ont eu autrefois leurs bibliographes : on a également publié des catalogues bibliographiques sur quelques villes, comme Metz, Lyon et Cambrai ; mais l'Aisne et Vaucluse ont seuls leurs bibliographies départementales (1826-42), encore sont-elles fort incomplètes.

vieillir (1719—68, 5 vol. in-folio), embrasse un trop vaste cadre pour servir maintenant à nos départements, de bibliographies locales assez complètes : il est au reste peu répandu, d'un format incommode et coûte cher. Les catalogues publiés spécialement jusqu'ici sur le département de Seine-et-Marne, dans la *Statistique* de M. E. Dubarle, dans la *Géographie départementale* de Badin et Quantin, dans la *France pittoresque* d'Abel Hugo, et dans la *France illustrée* de Malte-Brun, sont ce qu'ils pouvaient être dans un semblable cadre, à peu près insignifiants. Celui de Girault de Saint-Fargeau, l'un des plus récents et sans contredit le meilleur de tous, comporte au plus l'indication d'une centaine d'articles. (Bibliographie de la France, 1845, 1 vol. in-8°).

Sans avoir la vaine prétention d'offrir un travail remarquable, nous avons entrepris cette *Bibliographie départementale* pour essayer de combler la lacune que nous venons de signaler. Nous aurons donc atteint notre modeste but si notre travail est quelquefois utile aux personnes qui s'occupent de l'histoire locale, et agréable à tous nos compatriotes qu'elle intéresse. Cette bibliographie comprend les titres de plus de six cents écrits publiés sur le département de Seine-et-Marne, et de près de cent manuscrits, outre les terriers, cartulaires et nécrologes, et les cartes et plans. Cette fécondité, à laquelle nous ne nous attendions pas au début de nos recherches, nous a décidé à les poursuivre plus minutieusement encore.

Nous avons laissé de côté une foule d'éloges et de vies de personnages plus ou moins illustres de notre pays qui se trouvent enfouis dans les volumineux recueils intitulés : *Vies des saints; Actes des saints; Actes des SS. de l'Ordre de saint Benoist; Annales de l'Ordre de saint Benoist,* ainsi que dans la *Gallia christiana;* nous nous sommes borné seulement à indiquer les principaux. Il eût été également surabondant d'y rappeler les notices sur nos célébrités compatriotiques qui se trouvent dans les dictionnaires historiques et dans toutes les biographies.

D'un autre côté, nous n'avons rien négligé pour signaler un grand nombre de brochures, des opuscules et même des ouvrages de quelque consistance qui ne manquent pas d'un certain intérêt local, mais que leur rareté rend peu connus, lorsqu'elle

ne les a pas relégués entièrement au rang des
ouvrages ignorés maintenant. Il restait encore à
rectifier les fautes qui existent chez les précédents
bibliographes qui ont cité quelques-uns de nos ouvrages, et surtout à éviter les erreurs typogra-
phiques, si nombreuses ordinairement dans ces
sortes de travaux: nos soins à ce sujet ont été tout
particuliers.

Mais est-il possible d'écrire quelque chose de
tout à fait complet en fait de bibliographie? Nous
ne le croyons pas, même en n'embrassant, comme
nous l'avons fait, qu'une partie spéciale très-
restreinte de cette science; aussi ne doutons-nous
point que, malgré toute l'attention que nous avons
apportée à remplir consciencieusement notre tâche,
il existe des publications qui nous soient restées
inconnues et aient échappé à nos investigations.
Nous accueillerons avec reconnaissance les additions de ce genre qu'on voudrait bien nous indiquer, trop heureux si notre modeste travail nous
vaut cette marque d'intérêt.

DIVISION.

—

§ 1er. JOURNAUX.

§ 2e. OUVRAGES GÉNÉRAUX sur le département de Seine-et-Marne, ou traitant des anciennes provinces dont il est composé; Ouvrages intermédiaires où il est question de ces mêmes provinces sous des rapports particuliers. — Conciles, Statuts synodaux, etc.

§ 3e. MONOGRAPHIES; — Études particulières sur les villes et les communes, etc.

§ 4e. BROCHURES et ALMANACHS, fragmens, extraits, analyses, etc.

§ 5e. MANUSCRITS; — Terriers, Cartulaires, etc.

§ 6e. CARTES, plans, dessins, etc.

BIBLIOGRAPHIE

DÉPARTEMENTALE.

JOURNAUX (1).

—

Les PETITES AFFICHES de l'arrondissement de Meaux, 1785, in-4°, paraissaient alors avec un supplément tous les quinze jours, — et en 1807 tous les samedis, 8 pages in-8°, Meaux, Guédon. C'était un journal d'annonces légales et avis, avec cette épigraphe : *Vires acquirit eundo.*

LA GAZETTE DE MEAUX, de Raoul et Guédon, 1810.

Le JOURNAL DE MEAUX, fondé en 1833, feuille littéraire, commerciale et d'annonces. Meaux, Chanson, in-folio. Continué en 1838 par le *Journal de Seine-et-Marne.*

* RECUEIL des actes de la Préfecture, Melun, Michelin, abonnement 5 fr. par an.

* L'ÉCLAIREUR DE COULOMMIERS, fondé en

(1) Ceux qui paraissent maintenant sont accompagnés d'un astérisque.

1811; feuille d'annonces, paraissant le dimanche; Coulommiers, Moussin, in-f°.

* La FEUILLE DE PROVINS, journal de l'arrondissement, annonces légales et avis divers, paraissant le samedi, fondé en 1814. Provins, Lebeau, in-f°.

* L'INDICATEUR GÉNÉRAL de Seine-et-Marne, administration, littérature, industrie, agriculture, poésie, nouvelles et annonces judiciaires, paraissant le samedi (depuis 1831), Melun, Michelin.

* Le JOURNAL DE SEINE-ET-MARNE, feuille littéraire, agricole, industrielle, commerciale et d'utilité locale, 1838, Meaux, Carro; paraissant le Samedi.

La CHRONIQUE DE SEINE-ET-MARNE, fondée en janvier 1835; administration, justice, industrie et littérature (non politique). Melun, rue des Buffetiers, 1. A cessé de paraître vers la fin de 1836.

* La FEUILLE D'ANNONCES LÉGALES de Meaux, devenue en 1848 *Le Publicateur*, paraissant le samedi; Meaux, A. Dubois.

L'ABEILLE DE SEINE-ET-MARNE, gazette de village; politique, commerce et littérature; paraissant depuis le 15 septembre 1842 par cahier mensuel de 32 pages; Lagny, P. Cère. — (Ne paraît plus depuis longtemps).

L'AIGLE DE SEINE-ET-MARNE; Fontainebleau, 1842.

LE FURET DE SEINE-ET-MARNE, à Lagny.

L'ABEILLE DE FONTAINEBLEAU, 1840, 1841, E. Jacquin, rédacteur.

* L'INDÉPENDANT DE FONTAINEBLEAU, feuille littéraire et d'annonces judiciaires. — Jacquin, rédacteur.

MONITEUR DÉPARTEMENTAL, La Ferté-sous-Jouarre, 1840 (ne dura qu'un an).

* LES PETITES AFFICHES (de Melun), feuille d'annonces judiciaires, Melun, Desrues.

PETIT COURRIER DE SEINE-ET-MARNE, publié à Melun, imprimé à Paris.

L'ÉCHO DE SEINE-ET-MARNE, Melun.

* LE COURRIER DU COMMERCE, feuille d'annonces (de Montereau), fondé en 1839, Zanotte, rédacteur.

LE BRIARD, journal annoncé en 1846, à Lagny, par M. Pawlouski. Ce n'a sans doute été qu'un projet, car je n'ai point connaissance de sa publication.

* JOURNAL DE L'ARRONDISSEMENT DE PROVINS, insertions judiciaires, annonces, etc., paraissant le vendredi; fondé en 1849 : Le Hériché rédacteur.

LE RÉPUBLICAIN DE SEINE-ET-MARNE, feuille politique fondée à Paris en mai 1850, par Auguste Luchet, rédacteur en chef; paraissait par nos de 4 feuilles.

L'UNION DE SEINE-ET-MARNE, Melun, Roullier, fondée en mai 1850, paraissait le samedi,

rédacteur en chef, Alf. Leroy. — En 1854, paraissait le mercredi et le samedi, F. Lemaître, rédacteur en chef; Michelin, imprimeur.

L'OBSERVATEUR DE LA FERTÉ-S-JOUARRE,
Guédon, gérant, 1855.

OUVRAGES GÉNÉRAUX

Sur le département de Seine-et-Marne, ou traitant des anciennes provinces qui le composent; principaux ouvrages qui peuvent être consultés avec fruit sur le même sujet; — Écrits intermédiaires; — Conciles, Statuts synodaux, etc., etc.

—

AMY, avocat au parlement d'Aix. — Observations expérimentales sur les eaux des rivières de Seine, de Marne, etc., 1749, in-12.

ARBOIS DE JUBAINVILLE (H. D') ancien élève de l'école des Chartes, archiviste de l'Aube. — Des armoiries des comtes de Champagne d'après leurs sceaux. (Revue archéol., 1852, page 178).

ASSIER (ALEXANDRE). — Archives curieuses de Champagne et de Brie, Troyes, 1853, in-8°.

AUFAUVRE (AMÉDÉE) et FICHOT (CH.). — Les Monuments historiques de Seine-et-Marne, in-f° avec litographies. La 1re livraison a paru le 20 Mai

1853. — 4 fr. la livraison. — En cours de publication.

BADIN et QUANTIN (de l'Yonne). — Géographie départementale, classique et administrative de la France, etc. — Seine-et-Marne, 1 vol. in-12 de 280 pages. — Paris, J.-J. Dubochet, Lechevallier et Cie, 1849.

BAUGIER (Edme). — Mémoires historiques sur la province et les comtes de Champagne et de Brie. 2 volumes in-8°, Châlons, 1721. (Exempl. à la bibliothèque impériale, L, $\frac{2216}{1.2}$).

BAUNIER (dom). — Recueil historique, chronologique et topographique des archevêchés, évêchés, abbayes et prieurés de France, etc., 1736, 2 vol. in-4°.

BÉLIN (Jules-L.). — Histoire physique, civile et morale des environs de Paris, Paris, 1839—40, 6 vol. in-8°

BELLEYME. — Statistique générale de France avec les cartes topographiques de chaque département, 1808—09, in-4°.

BÉRAUD (J.-B.). de l'Allier. — Histoire des comtes de Champagne et de Brie, Paris, 1842, 2 vol. in-8°.

BERNIER (J.). — Des comtes de Champagne (dans son histoire de Blois, 1682, in-4°, p. 278).

BERTHAULT. — Archevêchés et évêchés des environs de Paris, en 16 cartes, avec description, 1765, in-8°.

BLANCHETON (A.). — Vues pittoresques des principaux châteaux et des maisons de plaisance des environs de Paris et des départements; lithographies par Bourgeois, Bouton, Ciceri etc., avec texte par Blancheton.

Paris, Didot, 1830, 2 vol. grand in-f°.

BOISDUVAL (le docteur) et LACORDAIRE. — France entomologique des environs de Paris, etc., 1835, tome 1er, in-8°.

BOULAINVILLIERS (le cte Henry de) — État de la France, dans lequel on voit tout ce qui regarde le gouvernement ecclésiastique, politique. etc., de ce royaume, extrait des mémoires fournis par les intendants du royaume par ordre de Louis XIV, pour le duc de Bourgogne... — Londres, 3 vol. in-f°, 1727; Londres. 6 vol. in-12, 1737. — 8 vol. in-12, 1752. Exemplaire à la bibliothèque impériale, L, $\frac{68}{7.9}$.

BOURASSÉ (l'abbé J.-J.). — Les cathédrales de France, avec grav., 1843, in-8°.

BRARD (Cyp.-Prosp.). — Histoire des coquilles terrestres et fluviales qui vivent aux environs de Paris, Paris, 1815, in-12.

BUC'HOZ (P.-Joseph). — Flore économique des environs de Paris, an VII, in-8°.

BUIRETTE de VERRIÈRE. — Les États de Champagne tenus en 1358, 1788, in-8°.

CHEVALIER (F.-F.). — La Flore générale des

environs de Paris, 1826-27, 1836, 3 vol. in-8°, fig.

CUVIER (le Bᵒⁿ F.) et BRONGNIART. — Essai sur la géographie minéralogique des environs de Paris, 1811, in-4°; 1822, in-4°, avec plans et cartes; 1835, in-8°

CUVIER (Georges) et BRONGNIART. — Description géologique des environs de Paris, 1 vol. in-4°, fig.

DANGOSSE (J.-Chalibert). — La généralité de Paris divisée en ses 22 élections, ou description etc., 1710, in-8°.

DELAPORTE (l'abbé), FONTENAY (l'abbé) et autres. — Description de Champagne et de Brie (dans le Voyageur français, ou connᶜᵉ de l'ancien et du nouveau monde (1792, tome xxxviiiᵉ et suiv.). Paris, 1765—95, 42 vol. in-12.

DELETTRE (F.-A.), ancien maire de Donnemarie. — Histoire de la province du Montois, comprise dans les cantons de Bray, Donnemarie, Provins et Nangis; Nogent-sur-Seine, Raveau, 1849, tome 1ᵉʳ, in-8°. (Quelques feuilles seulement du 2ᵉ volume ont été publiées jusqu'à présent, Nogent, 1850).

Le Montois, sous la révolution de Février 1848 : « Récits détaillés des événements locaux, copies de » pièces inédites, biographies des citoyens qui se » sont signalés, etc., etc, 1 vol. in-8° de 200 pages, » (a été annoncé en 1850, n'a point encore paru). »

DELORT (Joseph). Mes voyages aux environs de Paris, en prose et en vers, 2 vol. in-8°, 1821, fac-similé et fig.

DEMAME-DEMARTRAIS (M.-F.). — Paris et ses alentours à plus de 30 lieues à la ronde, texte et gravures. Paris, 1819, grand in-f°. (Il n'a paru que deux livraisons de 5 planches et texte, de cet ouvrage).

DENIS (Louis). — Tableau topographique des environs de Paris, 1769. in-8°. — Itinéraire portatif ou guide historique et géographique du voyageur aux environs de Paris, à 40 lieues à la ronde, etc. (Publié anonyme, Paris, Nyon, 1781, in-8°.)

DIDOT (Firmin). — Guide pittoresque du voyageur en France, avec carte routière, port. et grav., édité par Firmin Didot, 6 vol. in-8°, tome 1er, Seine-et-Marne, 1835.

DONNET (Alexis). — Description des environs de Paris, considérés sous les rapports topographique, historique et monumental; carte et 62 grav. Paris, 1824, in-8°.

DUBARLE (M. Eugène). — Statistique du département de Seine-et-Marne, d'après des documents inédits et authentiques recueillis dans les bibliothèques, archives et dépôts publics du département et fournis par les diverses administrations, avec une carte, 1 vol. in-8°. Paris, Verdière, 1836. (Cet ouvrage était destiné à faire partie d'une publication entreprise par M. Loriol, sous le titre de LA FRANCE, qui n'a pas été continuée).

DUBUISSON. — Armorial des principales maisons et familles du royaume, particulièrement de
celles de Paris et de l'Ile de France, 1757—60,
2 vol. in-12.

DUCHESNE (ANDRÉ). — Les Antiquités et Recherches des villes, châteaux, etc., de toute la
France, suivant l'ordre des 8 parlements; 1610,
in-8°, (souvent réimprimé).

DUCOURNEAU (ALEX.) et AM.-ALEXIS MONTEIL.
— La France, ou Histoire nationale des départements, in-4°. (Septembre 1844 a vu commencer
cette publication, Seine-et-Marne n'est pas paru).

DULAURE (J.-A.) — Singularités historiques
ou Tableau critique des mœurs, usages et des
évènements, etc., contenant ce que l'Histoire de la
capitale et autres lieux de l'Ile de France, offrent
de plus remarquable, de plus piquant et de plus
singulier, par J.-A. D***, 1788, in-12 ; 1828, in-8°.
— Histoire physique, civile et morale des environs
de Paris depuis les premiers temps historiques
jusqu'à nos jours, 7 vol. in-8°, grav. 1825—28.
(Le dernier vol. est de M. Girault de Saint-Fargeau).

DUMOULIN. — La Géographie ou Description
du royaume de France, divisé en ses généralités,
contenant les provinces, villes, bourgs, villages de
ce royaume, 1762—67, 6 vol. in-8°. (Cet ouvrage
est resté inachevé ; 8 généralités seulement ont

paru, et notamment celle de Paris, dont Seine-et-Marne dépendait).

DUVAL (P.) — La France seigneuriale, recueil des principautés, duchés, marquisats, comtés et seigneuries de France, 1650, in-12.

FABREGON. — Description des plantes qui naissent et se renouvellent aux environs de Paris. — Paris, 1739, 6 vol. in-12.

FRADIN. — Ordonnances et privilèges des foires de Lyon, et leur antiquité, avec celles de Brie et de Champagne ; 1560, in-8°.

GILBERT (F.-H.) — Traité des prairies artificielles, etc., dans la généralité de Paris, 1789, in-8°.

GUETTARD (J.-Etienne). — Description minéralogique des environs de Paris, etc. 3 mémoires et planches, 1756—62 et 64.

GUILBERT (Aristide) et une société de membres de l'Institut, de savants, etc. — Histoire des villes de France, avec une introduction et un résumé général pour chaque province ; chroniques, traditions, légendes, institutions, coutumes, mœurs, statistiques locales, etc., avec 8S grav. de Rouargue frères, 133 armoiries coloriées et 1 carte par province. — 6 vol. gr. in-8° jésus, Paris, Furne, 1844 et années suivantes. — Champagne, t. 2 ; Ile de France, t. 6.

HERBIN, SONINI, Amaury DUVAL, etc. (une société de gens de lettres et de savants). — Statistique générale et particulière de la France et de ses colonies, avec une description topographique, agricole, politique, industrielle et commerciale de cet état ; Paris, 1803, 7 vol. in-8° et atlas in-4°.

HERNANDEZ. — Description de la généralité de Paris, contenant l'état ecclésiastique et civil et le pouillé des diocèses de Paris, Sens, Meaux, Beauvais et Senlis ; 1759, in-8°.

HUGO (Abel), ancien officier d'état-major, membre de plusieurs sociétés savantes, etc. — La France pittoresque ou Description historique pittoresque, topographique et statistique des départements et colonies de France, offrant en résumé l'histoire, les antiquités, la topographie, etc., etc. — Seine-et-Marne, t. 3, p. 145 ; cartes, portraits, gravures, 16 colonnes in-4° ; Paris, Delloye, 1835.

HURTAUT (P.-T.-N.) et MAGNY. — Dictionnaire historique de la ville de Paris et de ses environs ; Paris, 1759—1779, 4 vol. in-8°.

JAUME DE SAINT-HILAIRE (J.-H.) — Flore parisienne, 1839, in-8°.

JOANNE. — Les environs de Paris illustrés ; Paris, Hachette, 1856, in-12 de 600 p. grav.

JOLIMONT (F.-T. de). — Les Cathédrales françaises, dessins et lithographies, avec texte historique et descriptif ; dessins de Chapuy ; 1823—26, in-4°.

JUSSIEU, MILNE (Edwards) et BEUDANT. — Flore descriptive et analytique des environs de Paris, etc. ; 1845, in-18°.

KRAFFT (J.-Ch.). — Maison de campagne, habitations rurales, châteaux, fermes, etc., situés aux environs de Paris et dans les départements voisins, gr. in-f° 1854 ; Paris, Bance, 293 planches. Prix : 80 fr.

LABBE (Philippe). — Pouillé royal, contenant les bénéfices à la nomination du roi, etc. ; 1647, in-4°.

— Tableau des villes et provinces de France, 1646—52, in-8°.

LACORDAIRE, administrateur des Gobelins et de la Savonnerie. — Notice historique sur les manufactures impériales, Paris, 1853, in-8°. (Cette notice, véritable histoire de la tapisserie, contient de curieux renseignements sur la manufacture royale fondée à Fontainebleau par François Ier, la première établie en France et dont ne parle aucun des historiens de Fontainebleau).

LAGARDE (Denis). — Résumé de l'histoire de l'Ile de France, de l'Orléanais et du pays Chartrain, 1826, in-18.

LAMARCK (de). — Recueil de planches de coquilles fossiles des environs de Paris ; 1823, gr. in-4°.

LAVALLÉE (J.) — Voyage dans les départements de la France, par une société d'artistes et de gens de lettres, avec grav. et est. ; Paris, 1792, 1800 ; 102 cahiers formant 13 vol. in-8°, dessins et cartes de Brion père et fils.

LEBEUF (l'abbé). — Histoire de la ville et de tout le diocèse de Paris, etc. Paris, 15 vol. in-12, 1754—57. (Les 2 premiers sont consacrés exclusivement à Paris).

LECHEVALIER (F.-P.). — La France Bénédictine, ou carte générale des abbayes et prieurés conventuels de l'ordre de Saint-Benoist, 1726, in-f°.

LEFÉBURE. — Cours de promenades champêtres aux environs de Paris ; 1826, in-8°.

LE PELLETIER. — (Voir Pelletier).

LURINE (Louis). — Les Environs de Paris, 1844, in-8°.

MARCO DE SAINT-HILAIRE (ÉMILE). — Guide du voyageur et du promeneur aux environs de Paris, 1826, in-8°.

MÉRAT (F.-V.) — Nouvelle Flore des environs de Paris ; 4e édition, 1836, 2 vol. in-12.

MICHELIN (Louis). — Essais historiques, statistiques, chronologiques, littéraires, administratifs, etc., sur le département de Seine-et-Marne ; 6 vol. in-8°, Melun, 1829—1841.

— Liste générale par ordre alphabétique des villes, communes et dépendances de Seine-et-Marne, 1840—41 ; 1 vol. in-8°.

— Tableau scénographique faisant suite aux Essais historiques sur le département de Seine-et-Marne ; 1843, 1 vol. in-8° ; Melun, A. C. Michelin fils.

MILLIN (A.-G.) — Antiquités nationales ou

Description des monastères, abbayes, châteaux, etc., devenus propriétés nationales, 1798, 5 vol. in-4° et in-f°.

MOISSANT (CLAUDE), doyen de Provins. — Campaniæ comitûm genealogia, etc. Paris, Leclerc, 1607, in-8°. (Il existe une traduction de ce livre).

MOLÉRI (G.), pseudonyme de M. Hipp.-Jules Demolière. —Guide itinéraire de Paris à Strasbourg, 1854, in-18°. (Bibliothèque des chemins de fer.) Paris, Hachette.

MORIN (DOM GUILLAUME), grand-prieur de Ferrières. — Histoire générale du pays de Gatinois, Sénonois et Hurepoix, contenant les antiquités des villes, bourgs, abbayes, églises et maisons nobles, avec les généalogies des seigneurs et des villes ; Paris, Chevalier, 1630, in-4°. (Exemplaire à la bibliothèque impériale, L, 907).

OMALIUS D'HALLOY (D'). — Mémoire sur l'étendue géographique des environs de Paris. (Ann. des mines, t. 1er, p. 234).

OUDIETTE (CHARLES), ingénieur géographe. — Dictionnaire topographique des environs de Paris, comprenant le département de la Seine, partie de ceux de Seine-et-Oise, Seine-et-Marne ét de l'Oise, jusqu'à 10 lieues et demie, avec la carte ; 1812, in-8°.

— Dictionnaire des environs de Paris à 80 kilom. ; Paris, 1817, 1 vol. in-4°. (2° édit. du précédent).

— Dictionnaire topographique du département de Seine-et-Marne ; Paris, Chanson, 1821, in-8° de 330 pages.

PASCAL (le docteur Félix). — Histoire topographique, politique, physique et statistique du département de Seine-et-Marne; Corbeil et Melun, 1836. 2 vol. in-8°.

PATY (Isidore de). — Manuel du voyageur aux environs de Paris, ou tableau actuel des environs de cette capitale, contenant la description des villes, bourgs, villages et châteaux renfermés dans l'espace de quinze à vingt lieues à la ronde, etc., orné d'un grand nombre de vues et d'une carte très-détaillée des environs, 1826, in-18, cartes et planches.

PELLETIER (Robert-Martin), chanoine de Ste-Geneviève. — Histoire des comtes de Champagne et de Brie, 1753, 2 vol. in-12. (Attribuée à tort par quelques bibliographes à Lévesque de la Ravaillère.)

PIGANIOL de la FORCE (J.-Aymar). — Description historique et géographique de la France, nouvelle édition, 1742, 8 volumes in-12; 1751—53, 15 vol. in-12.

PITHOU (Pierre), advocat à Paris et à Troyes. — Généalogie des comtes de Champagne, de Troyes, de Meaux et de Brie. Paris, 1672, in-4°.

PITHOU (Pierre). — Le premier livre des

mémoires des comtes héréditaires de Champagne et de Brie. Paris, Estienne, 1572, in-4°; Paris, Patisson, 1581, in-8°.

PITTON (J.). — Histoire des plantes des environs de Paris, 1698, in-12.

PLÉE, — Herborisations artificielles des environs de Paris, 1811—14, in-f°.

POITEAU (A.). — Flore parisienne, contenant la description des plantes des environs de Paris, 1808, in-f° et in-4°.

RAGON et FABRE D'OLIVET. — Précis de l'histoire de la province de Champagne et de ses dépendances (Brie, Beauce, Blaisois), 1835, 1 vol. in-8°.

RATTIER. — Essai sur l'industrie séricicole, ou observations sur la culture du mûrier, l'éducation des vers à soie et la filature dans le département de Seine-et-Marne; 1844, in-8° de 4 feuilles.

RÉGLEY (l'abbé). — Description de la généralité de Paris et de chacune de ses élections, dans laquelle on explique l'histoire particulière de chaque ville, etc.; Paris, 1763, in-4°.

RICHARD (J-B). — Description topographique des environs de Paris, 1829, in-8°.

SAINT-A.... (P.) — Description historique, topographique et militaire des environs de Paris, 1816, in-12.

SAINT-EDME (B.) — Paris et ses environs, (bourgs, villages et hameaux à 15 lieues, les villes à à 50). Dictionnaire historique, anecdotique, descriptif et topographique, politique, militaire, communal et industriel, 1827, grand in-8°. (Il n'a paru que le premier volume et le commencement du deuxième).

SECOUSSE. — Mémoire sur l'union de la Champagne et de la Brie à la couronne de France. (Mémoires de l'Académie des inscriptions et belles lettres, t. XVII, p. 295).

SÉNARMONT (M. de), ingénieur de 1re classe au corps royal des mines. — Essai d'une description géologique du département de Seine-et-Marne; 1844, in-8° de 15 feuilles.

TAILLANDIER (C.-L.), bénédictin. — Projet d'une histoire générale de Champagne et de Brie; 1738, in-4°.

TAILLARD (C.) — Le nouveau conducteur aux environs de Paris, 1826, in-8°.

TAYLOR (M-J.) — Voyage pittoresque et romantique dans l'ancienne France. — Champagne, 50 livraisons; 1820. in-4°.

TOUCHARD-LAFOSSE (G.) — Histoire des environs de Paris dans un rayon de 30 à 40 lieues, 4 volumes in-8°, 1834-35.

TRAVERSIER. — Armorial national de France en 2 séries; Notice de L. Waïsse : 1re série, chefs-lieux de départ¹ˢ; 2ᵉ série autres villes; 1843, in-4°.

TUILLIER. — Flore des environs de Paris, 1790, in-12; Nouvelle édition, 1799, in-8°

VIGNEUX (A.) — Flore pittoresque des environs de Paris, 1812; in-4°,

VILLIERS (P.) — Manuel du voyageur aux environs de Paris; nouvelle édition; 1804. 2 vol. in-18.

ANONYMES.

— Topographie de la France; 200 vol. in-f°, classés par département à la bibliothèque impériale. Cabinet des Estampes. — Seine-et-Marne, 2 vol.

— Seine-et-Marne. — Collection Dupuy et La Ravaillère, à la bibliothèque impériale; (cartons et liasses qui concernent le département). Collection de documens sur les provinces de France, par Dangeau; art. Champagne.

— Grand pouillé des bénéfices de France (archevêchés, évêchés et abbayes), avec les annales; 1626, 2 vol. in-8°; 1648, 2 vol. in-4°.

— Pouillé général des bénéfices et abbayes de France, 1629, in-8°.

— Pouillé des abbayes de France, 1721, in-8°.

— Priviléges des foires de Lyon, Brie et Champagne, 1552, in-8°.

— Factum et arrêts du parlement de Paris

contre les bergers sorciers, exécutés depuis peu
dans la province de Brie : 1695, petit in-8° de 96
pages.

— Itinéraire portatif d'un arrondissement de 30
à 40 lieues autour de Paris ; 1777, in-12.

— Dénombrement du royaume. 1709, in-12, 2
vol. ; 1717, 3 vol. in-12.

— Mémoire sur les prairies artificielles les plus
convenables aux terrains ingrats de la Champagne
et de la Brie pouilleuse (Journal économique, 1761).

— Notices sur les fontaines minérales et singularités de l'Ile-de-France. (Nature considérée, 1771,
t. IV, p. 232).

— Procès-verbal des séances du commissariat
des départements qui se partagent l'ancienne province de Champagne et de Brie ; 1790, in-4°.

— Tableau des distances en myriamètres et kilo-
mètres de chaque commune du département aux
chefs-lieux du canton, de l'arrondissement et du
département, dressé en exécution du réglement du
18 juin 1811 ; 1 cahier in-4° par département.

— Nouveau dénombrement par généralités,
élections, paroisses et feux ; 1720, in-4°.

— Tableau des provinces de France avec les
armes, titres, qualités, etc., et la description des
villes principales, 1664, 2 vol. in-12.

— Plat pays de l'élection de Paris ; 1733, in-4°.

— Promenades aux environs de Paris ; 1838,
in-8°.

— Chroniques pittoresques des villes, bourgs, villages et monuments remarquables des environs de Paris ; Paris, 1836, in-18.

— Recueil des États généraux et autres assemblées générales, etc., remontrances des nobles, des pays et bailliages de Provins, Troyes, Meaux et Sézanne ; La Haye, 1787, in-8°, t. 9.

— Pouillé général des bénéfices de l'archevêché de Paris et des diocèses de Chartres, d'Orléans et de Meaux ; le tout selon les mémoires pris sur les originaux desdits diocèses et registres du clergé de France ; Paris, Ailliot, 1648, in-4°.

— Statistique de France, par le ministre de l'agriculture et du commerce, en 16 livraisons, in-4°, 1837—42—43 et années suivantes.

— Publications de la Société d'agriculture, sciences et arts de Meaux : Meaux, A. Dubois, 1834—35, in-8°, 1845, 1849, 1850, 1852, 1854.

— Annales de la société d'horticulture de Meaux ; Meaux, A. Carro, 1844—46, 6 vol. in-8°.

— Mémoires, rapports, analyses et notices de la Société d'agriculture de Melun jusqu'en 1845 ; Melun, 1845, in-8°.

— Titres relatifs à diverses églises et communes du département de Seine-et-Marne, dans l'ancien diocèse de Paris. (Documents sur l'histoire de France. — Cartulaire de N.-D. de Paris, par Guérard, t. 3., 1850, in-4°).

— Société d'agriculture, sciences et arts de

Meaux. — Rapport de la commission du voyage agronomique en Angleterre et en Ecosse ; juin 1851, 1 vol. in-8° de 448 p. ; Meaux, Dubois, 1852.

— Tableau général par fonds des archives antérieures à 1790, publié par la commission des archives départementales et communales ; Paris, 1848, in-4°.

— Catalogue général des cartulaires des archives départementales, par la même commission ; Paris, 1847, in-4°.

— Arrêts, jugements, plaidoyers, défenses, concernant quelques villes et seigneuries du département de Seine-et-Marne, reliés en 1 vol. petit in-4°. (1600—1700), à la bibliothèque de Meaux.

CONCILES ET STATUTS SYNODAUX.

— Concilium Meldense, anno 845 (dans Sirmond, t. III, p. 25).

— Aliud, 962. (id. p. 594).

— Aliud, 1080. (id., édition du Louvre, t. XXVI, p. 599).

— Aliud, 1204. (Labbe, t. XI, p. 27).

— Conventus, anno 1281. (Labbe, t. XI, p. 414).

— Concilium, anno 1240. (id. p. 570).

— Statuta synodalia Meldensia, anno 1493, in-4°.

— Statuta synodalia. (Pinelle, évêque), 1501, in-4°.

— Statuts synodaux (Dom. Séguier) ; Paris, Vitré, 1654, in-8°.

— Statuts synodaux de Meaux, par Dominique de Ligny, évêque. (Paris, Robert et Lacaille, 1675, in-4°).

— Statuts synodaux et ord. de Bossuet; Paris, septembre 1691, in-4°.

— Concilium Melodunense, 1216. (Labbe, t. XI, p. 240).

— Id. 1225, (p. 290).

— Conventus ; 1232, (p. 203).

— Concilium ; 1300, (p. 1431).

— Conventus ; 1548, (Baluze, t. VII, p. 105).

— Prolegomena, ad synodi princialis celebrationem per archiep. et episc. in conventu Melodunensi congregatos ; anno 1579, in-4°.

— Bréviaire de Meaux ; 1546, corrigé 1713, in-4°.

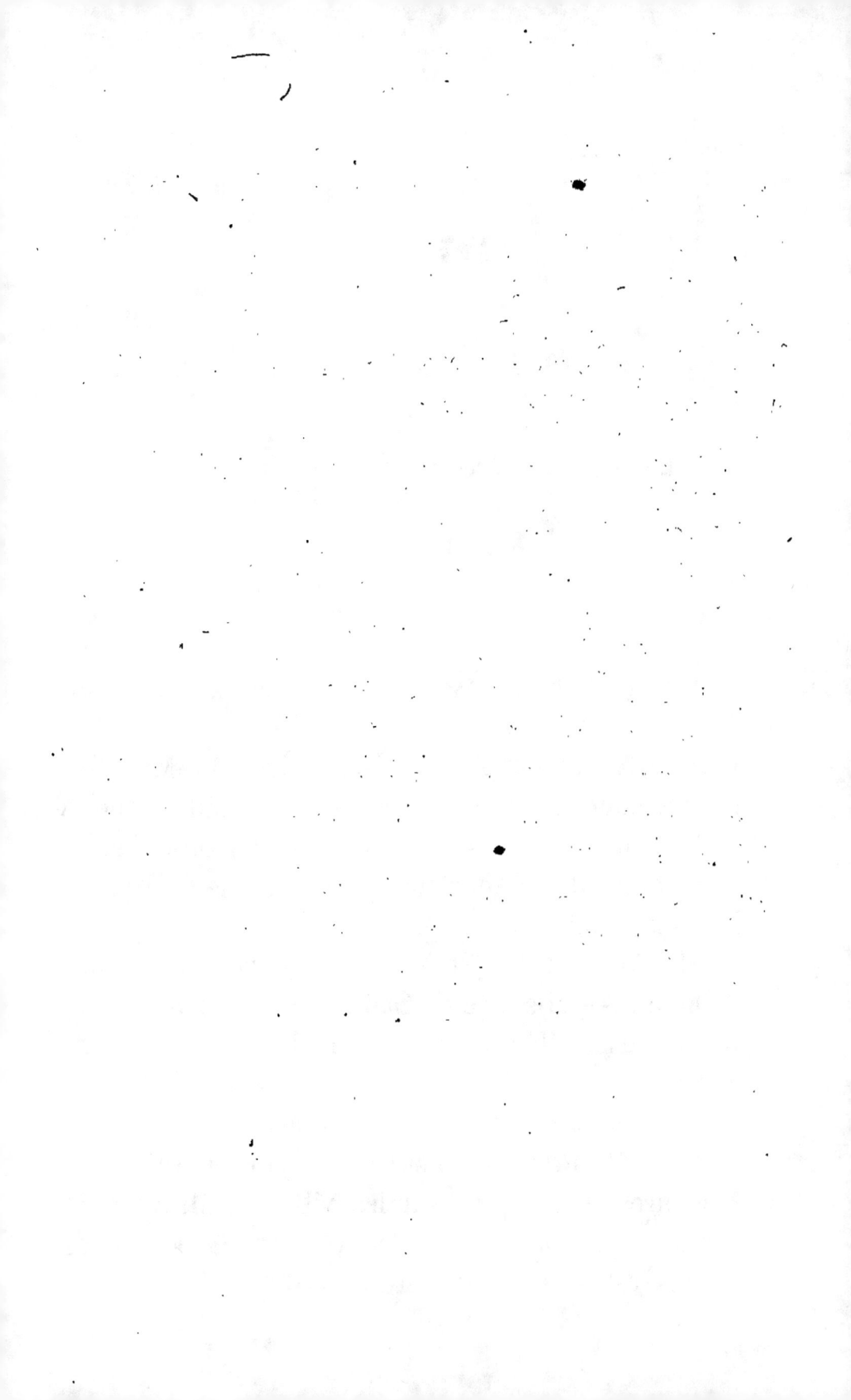

MONOGRAPHIES

Etudes particulières sur les villes et communes.

—

ADRY (J.-Félicien). — Notice sur le collége de Juilly, 1807—16, in-8°.

ARPIN (Al.) et autres, de Provins. — Mémoire sur la conduite irréprochable qu'ils ont tenue à Melun, lors des assemblées pour la fixation et la formation du département de Seine-et-Marne; Provins, Michelin, 1790.

ANSART de TAUPON, prêtre, convent. de l'ordre de Malte. — Histoire de St-Fiacre et de son monastère; Paris, Hérissant et Barrois, 1 vol. in-12, 1784.

— Manuel des pélerins à St-Fiacre, id., in-12.

ANSON (Pierre-Hubert), docteur en droit. — Mémoires historiques sur les villes de Milly et de Nemours, par M. A. D. E. D. (Nouvelles recherches sur la France, en 2 vol. in-12, 1766, p. 472).

BALTARD (L.-P.) — Fontainebleau, son Château royal; (Dans Paris et ses monuments, avec notes d'Amaury Duval, 1803, dont il n'a paru que les livraisons 1 à 24, in-f°).

BEAUSSET (le cardinal de), de l'Académie française. — Histoire de Bossuet, évêque de Meaux, composée sur les manuscrits originaux; nouvelle édition: Paris, 1841, 1 vol. in-8° de 900 p.

BEAUVAIS DE PRÉAUX (CH.-NICOLAS). — Description topographique du Mont-Olivet (Seine-et-Marne); 1783, in-8°.

BERNARD DE LA FORTELLE, ancien maire de Melun. — Histoire et description de Notre-Dame de Melun; 1839, 1 vol. in-4°.

BERNARD (FRÉDÉRIC). — Fontainebleau et ses environs; Paris, Hachette, 1853, 1 vol. in-12, illustré. (Dans la bibliothèque des chemins de fer).

BERNARD (J.) — Recueil de monuments inédits de Provins, 1830, in-4°, gravures.

BERTHIER (M.-P.) de l'Académie des sciences. — Notice géologique sur les environs de Nemours, Puiseaux et Château-Landon. (Annuaire des mines, t. 1er, 2e série, p. 287).

BILLATE (NICOLAS), provinois. — Dissertation historique sur les eaux minérales de Provins; Provins, Michelin, 1738, in-12. (C'est un abrégé du livre de P. Légivre sur la même matière).

— Mémoires sur Provins, imp. en 17...

BO (J.-B.-JÉRÔME), ex-conventionnel, docteur-médecin à Fontainebleau. — Topographie médicale de Fontainebleau; vers 1810, in-8°.

BOBÉ (Jean). — Coutumes générales du bailliage de Meaux, avec les commentaires et les notes. Paris, Journel, 1683, in-4°. (Exemplaire à la bibliothèque impériale, F, 2823).

BONAMY (P.-Nicolas). — Observations sur les Meldi (vers 1730). — (Histoire de l'Académie des inscriptions et belles lettres, t. xxxi, p. 268).

BOURQUELOT (Félix), avocat, élève pension-naire de l'école des Chartes. — Superstitions de la ville de Provins, 1839, in-8°.

— Histoire de Provins, Paris, Allouard; Provins, Lebeau, 1840, 2 vol. in-8°, pl. et grav.

— Claude Haton, son histoire de Provins; Paris, 1850, 1 vol. in-8°.

BURIGNY (J.-Lévesque de), — Vie de Bossuet, évêque de Meaux; Bruxelles (Paris), 1761, in-12.

CANTWEL, HÉRISSANT et de la RIVIÈRE. — Traité des eaux minérales de Merlanges, près Montereau; 1761, in-12.

CARRO (A.) — Notices sur le château de Meaux et le cabinet de Bossuet; Paris, Ledoyen, 1853, in-12. (Publiées précédemment en feuilletons dans le *Journal de Seine-et-Marne*, Novembre 1850 et Mai 1851).

CASTELLAN (Antoine-Louis). — Fontaine-bleau. Études pittoresques et historiques sur ce château, considéré comme l'un des types de la renaissance des arts en France au xvıᵉ siècle; — 1840, 1 vol. in-8°.

CAUMONT (A. de). — Notice sur les murailles et anciennes maisons de Provins, (Bulletin monumental publié à Caen, t. vı, p. 205 ; 1843.)

CARCAT (Augustin) le jeune. — Vie de sainte Fare, abbesse de Faremoutiers, avec une suite des abbesses de son abbaye : Paris, 1629, in-8°.

CHAINVILLE (de), typographe. — Pièces fugitives concernant le voyage et la description de Fontainebleau ; Paris, 1705, in-12.

CHAVIGNERAYE (E. de la). — Chroniques de La Chapelle-la-Reine ; Paris, 1852, in-8°.

CHETARDIE (Loyse de la), grande prieure de Faremoutiers. — Vie de sainte Fare, recolligée des anciennes chartes du trésor de l'abbaye ; Paris, Vitré, 1609, in-12.

CITERNE et POISSON. — L'homme pétrifié : histoire du fossile humain découvert à Moret, 18..., 2 tomes.

DAN (le R. P. Pierre), supʳ des Mathurins de Fontainebleau. — Le trésor des merveilles de la maison royale de Fontainebleau, contenant son antiquité, les singularités qui s'y voient, etc. ; Paris, Séb. Cramoisy, 1642, in-f°, fig. de Bosse. (Exemplaire à bibliothèque impériale, L, 331).

DAUDET (le chevalier L.-Pierre), ingénieur-géographe. — Journal historique du voyage de S. A. S. Mˡˡᵒ de Clermont ; depuis Strasbourg jusqu'à Fontainebleau; Paris et Châlons, 1725, in-12.

DECHAN. — Rapport sur la situation des carrières qui sont au-dessus de La Ferté. (Journ. des mines, n° 22, p. 37).

DENECOURT (C.-F.). — Guide du voyageur dans le palais et la forêt de Fontainebleau, etc.; 1839, in-8°.

— La forêt de Fontainebleau; le camp, sa situation, sa composition, etc., (1839-40).

— Promenades dans la forêt de Fontainebleau; 1844, in-8°. de 3 feuilles et 4 lithogr.

— L'indicateur général et descriptif de Fontainebleau, son palais, sa forêt et ses environs, 11° édition des Guides-Denecourt; 1855, in-8°.

— L'indicateur historique et topographique de Fontainebleau, 9e édition, Paris, Hachette, in-8°, pl. — Le palais et la forêt de Fontainebleau; — Paris et Fontainebleau, 1856.

DESMAY (JACQUES), chanoine d'Ecouys. — Vie de saint Furcy, abbé de Lagny; — Paris, 1607, in-12, 1623; Péronne, 1714, in-12.

DOÉ (le docteur F.-M.). — Dissertation sur l'emplacement d'Agendicum-Provins (Mémoires de la Société d'agriculture de l'Aube, t. IX, p. 132, année 1839, et mém. de la Société des antiquaires de France, t. II, p. 397).

DUFRENOY (P.-ARMAND). — Mémoire sur la position géologique du calcaire siliceux de la Brie et des pierres meulières de La Ferté. (Annales des Mines, t. VIII, p. 169).

DUMOULIN (CHARLES) et J. CHAMPI. — Coutume du baillage de Meaux : Paris, 1668, in-18; la même avec les notes de J. Bobé; Paris, 1683, in-4°.

— Coutumes de Melun, avec les notes, etc. ; — Paris, chez Morel, 1687, in-12. (Exemplaire à la bibliothèque impériale, F, 4527.

DUPLESSIS (dom TOUSSAINT-CHRÉTIEN), moine bénédictin. — Histoire de l'église et du diocèse de Meaux, avec des notes ou dissertations et les pièces justificatives; on y a joint un recueil complet des statuts synodaux de la même église, divers catalogues d'évêques, abbés et abbesses du diocèse, et un pouillé exact; 1731, Paris, Gandoin et Giffart, 2 vol. in-4°.

DUPLESSY (J.). — Guide indispensable du voyageur au chemin de fer de Paris à Orléans (section de Paris à Corbeil), suivi d'une notice historique et descriptive du château et de la forêt de Fontainebleau; 1841, 1 vol. in-18°.

DURAND (J.-Bte-ALEXIS), ouvrier menuisier, poète et bibliothécaire de Fontainebleau. — Essais historiques sur la ville et le château royal de Fontainebleau, poème; 1840, 1 vol. in-8°.

— La forêt de Fontainebleau, poème, précédé d'une notice sur l'auteur, par lui-même; Meaux, Carro, 1839, 1 vol. in-8°.

DURAND (ALEXIS), ancien grenadier de la garde

impériale. — Napoléon à Fontainebleau, choix d'é-
pisodes; Fontainebleau, 1850, 1 vol. in-8° de 160
pages. (Prix, 1 fr.)

FLOQUET (AMABLE). — Éloge de Bossuet, évêque
de Meaux; Paris, 1827, in-8°.

— Études sur la vie de Bossuet, évêque de
Meaux; Paris, Didot, 3 vol. in-8°, 1855.

GERMAIN (dom MICHEL). — Histoire de l'abbaye
de Lagny; 1687.

GRÉSY (EUGÈNE) de la Société des antiquaires.
— Notice généalogique sur Jean des Barres, chevalier, mort avant 1289 et inhumé avec ses deux
femmes, dans l'église d'Oissery (Seine-et-Marne);
Paris, Crapelet, 1850, in-8°, de 4 feuilles 1/4 avec
planches (et dans les mémoires de la Société des
antiquaires, t. xx).

GUILBERT (l'abbé), prédicateur du roi. — Description historique du château, bourg et forêt de
Fontainebleau; Paris, Cailleau, 1731, 2 vol. in-12,
reliés en un tome.

HÉRICART-FERRANT (le vicomte). — Itinéraire géognostique de Fontainebleau à Château-
Landon, etc. (Annales des mines, t. ıᵉʳ, 2ᵉ série,
p. 297).

JAMIN (E.), ancien professeur de l'université.
—Fontainebleau ou notice historique et descriptive
sur cette résidence royale; 1834, in-8°; 2ᵉ édition,
1843, in-8°, Fontainebleau, chez Huré.

— Fontainebleau sous le roi des Français Louis-

Philippe Ier, ou compte-rendu des principales additions et restaurations faites depuis le mois de novembre 1833 jusqu'à ce jour, au palais de Fontainebleau; 1835, in-8°.

— Quatre promenades dans la forêt de Fontainebleau ou description physique et topographique de cette forêt royale, in-8°.

LEBRUN (Mme CAMILLE). — Les vacances à Fontainebleau; Paris, Amyot, 1843, in-12.

LE DIEU (l'abbé). — Ses mémoires et son journal relatifs à Bossuet, évêque de Meaux, publiés pour la 1re fois sur les manuscrits, par l'abbé Guettée; 1856-57, Paris, Didier, 4 vol. in-8°.

LEFÈVRE, secrétaire de la Société d'agriculture de Provins. — Notice sur la commune de Provins, son origine, son étendue, ses priviléges, son administration. (Mémoires de la Société, 1852?)

LE GIVRE (PIERRE). — L'anatomie des eaux minérales de Provins; Paris, Loison, 1654, in-8°.

— Traité des eaux minérales de Provins, contenant leur anatomie, la différence des fontaines, leurs propriétés, vertus et effets admirables, avec le régime de vivre qu'il faut observer en buvant ces eaux; 1659, in-8°; 1667; 1677; 1682, en latin.

LE VASSEUR (JACQUES), chanoine de Noyon. — Le boccage de Jossigny, vers et prose; Paris, 1608, in-8°.

LUCHET (AUGUSTE). — Souvenirs de Fontainebleau; le confessionnal de sœur Marie; 1842, in-16; 1849, in-18°, et en livraisons illustrées à 20 centimes, Paris, J. Bry, 1854.

MACQUIN (l'abbé). — Notice historique sur Meaux (en anglais) dans l'Encyclopédie de Londres, 1814-15. Il en existe une traduction manuscrite à la bibliothèque publique de la ville de Meaux.

MAILLART (G.) — Promenade historique et pittoresque sur la Seine, (2ᵉ partie, de Montereau et Fontainebleau, à Paris, etc.), 1840, in-8°.

MAZERET (C.) — Panorama descriptif, historique et anecdotique des rives de la Seine, de Paris à Montereau; 1836, gr. in-12.

MIGNON. — Histoire de St-Furcy, abbé de Lagny; — Péronne, in-12, 1715.

MION. — La Salamandre, ou l'histoire abrégée et la description complète de la ville, du palais, des jardins, de la forêt et des environs de Fontainebleau: 1837, in-12.

NAUDET. — Notice sur les eaux minérales de Provins, 1841, in-12.

NAVARRE (P.), ancien magistrat, président de la Société d'agriculture de Meaux. — Essai historique sur la ville de Meaux, ancienne capitale de la Brie; — Meaux, Dubois-Berthault, 1819, in-8°. (Publié anonyme).

NICOLET (H.-G.), ancien notaire, suppléant du juge de paix à La Chapelle-Gautier. — Histoire de Melun, depuis son origine jusqu'à nos jours; —

Melun, Desrues, 1843, 1 vol. grand in-8° avec lithographies.

ODON (Fr.) — Melun, ou histoire de la ville de Melun, contenant plusieurs raretés notables et non découvertes en l'histoire générale de France, plus la vie de Bouchard, comte de Melun, etc., traduite du latin de l'auteur du temps, ensemble la vie de J. Amyot, etc., avec le catalogue des seigneurs et dames de la maison de Melun, etc., etc., traduit du latin d'Odon par Sébastien Rouillard; Paris, J. Guignard, 1628, in-4°. (Exempl. à la bibliothèque impériale, L, 905.)

OFFROY (Victor-J.-B.), adjoint au maire de Dammartin. — Histoire de la ville de Dammartin-en-Goëlle (Seine-et-Marne), et coup-d'œil sur ses environs; — Meaux, Carro, 1841, in-12.

OPOIX (Christophe), inspecteur des eaux minérales de Provins. — Analyse des eaux minérales de Provins, où l'on propose en même temps quelques idées neuves sur la sélénite; Provins, Lebeau, 1769-70, in-12.

— Recherches sur les sels principaux des eaux minérales de Provins, (Obs. de physique, d'hist. nat., par l'abbé Rozier, etc., août, 1777, p. 117.)

— Observations sur l'analyse des eaux minérales de Provins de M. Raulin; 1778, in-12.

— Dissertation sur l'ancien Provins, avec le plan, 1818.

— L'Ancien Provins, antiquités et origine de la

ville haute de Provins, l'époque de sa fondation, le nom de ses fondateurs, les motifs, les intentions qu'ils se sont proposés en bâtissant cette ville, évidemment prouvés par les ruines et les restes considérables qui subsistent aujourd'hui; Provins, chez Lebeau. 1819, in-12.

— 2 suppléments à l'Ancien Provins : Gentico et Anatilorum, 1824, in-12.

— Minéralogie de Provins et de ses environs, avec l'analyse de ses eaux minérales, Paris, Barbou, 1803, 2 vol. in-12; 1808 in-8°.

— Traité des eaux minérales de Provins, dédié aux Provinois; Provins, Lebeau, 1816, in-12.

— Histoire et description de Provins; Provins, 1823, chez Lebeau, in-8° portr. — nouvelle édition par le petit-fils de l'auteur, 1846, in-8°, grav. ; Provins, Lebeau; et Paris, Imprimeurs unis.

PAPASIDERA di Palermo (AGOSTINO). — Santa Fara di Borgogna. etc., in Palermo, 1662, in-8°.

PAULET (le docteur). — Traité de la vipère de Fontainebleau ; 1820, in-8°.

PIGANIOL DE LA FORCE (J.-AYMAR DE) — Description de Paris, Versailles, etc., St-Cloud, Fontainebleau ; augmentée par Léron ou Lafont de St-Yenne, 1765, 10 vol. in-12.

POITEVIN (P.-E.) — Histoire topographique et physique de Château-Landon, 1831 (ou 1836), in-8°.

RAULIN. — Description du site de la source de

Merlange, et qualités sensibles de ses eaux. (Exposition des principes et des propriétés des eaux minérales, 1775, in-12.)

— Analyse des eaux minérales-spathico-martiales de Provins, avec leurs propriétés dans les maladies; 1778, in-12, faite par ordre du roi.

RATTIER (le R. P. Vincent), prieur des Jacobins. — Discours sur le rétablissement de l'église royale de St-Quiriace de Provins, par le R. P. V. R. P. D. J. — Paris, Boyer, 1666, in-8°.

— Oraison funèbre de J. Gabrielle Dauvet des Marais, abbesse de la maison royale du mont N. D. Ste C. de l'O. de St-Bernard, près de Provins; Provins, Monissel, 1690, in-4°.

REGNAULT (Robert), minime. — Vie et miracles de Ste-Fare, abbesse de Faremoutiers; — Paris, 1626, in-8°.

REMARD (Ch.), bibliothécaire à Fontainebleau. — Guide du voyageur à Fontainebleau, ou nouvelle description historique abrégée de cette ville, mais principalement du château royal, des jardins et du parc qui en sont l'ornement; de la forêt et de quelques lieux qui l'environnent; — Fontainebleau, Durand, 1820, in-12.

ROBILLARD (le dr Théodore) — Histoire pittoresque, topographique et archéologique de la ville de Crécy-en-Brie et de La Chapelle-sur-Crécy, suivie de considérations générales sur le canton; Meaux, Carro, 1852, in-18 anglais.

ROBIT (J.-F.-A.). — Palais impérial de Fontainebleau, chapelle bâtie sous François Ier, sa nouvelle destination comme bibliothèque de l'Empereur Napoléon, mesurée et publiée, etc. ; Paris, in-f°, 5 planches.

ROUGET, libraire. — Notice historique sur la ville de Coulommiers, département de Seine-et-Marne, depuis sa fondation jusqu'à ce jour, suivie du procès d'Abel de la Rue, condamné à être pendu et brûlé pour avoir noué l'éguillette, etc. ; — Coulommiers et Paris, 1829, in-8° de 80 p.

ROUILLARD (Sébastien), avocat au parlement. Histoire de la ville de Melun, traduite d'Odon. (Voir Odon).

SALOMONIS PRIEZACI. — Campestre galliæ miraculum seu fons Bellauticus ; Paris, 1647, in-4°.

TARBÉ. — Notices sur Agendicum (dans les almanachs de la ville de Sens, années 1819, p. 150 ; 1821 et autres.

TAILLANDIER (A.-Honoré). — Histoire du château et du bourg de Blandy-en-Brie ; (a obtenu une mention honorable à la séance publique de l'Académie des inscriptions en 1853.)

TESTE d'OUET (Alex[c].-D.) — L'Orpheline de Moret, 2 vol. in-8°, 1835. (C'est une histoire de la ville et des antiquités de Moret. A la prière de cet auteur, le Ministre de l'intérieur a accordé des fonds pour la restauration des portes de Moret que le vandalisme allait abattre).

THIERION père (ALEX.), de Sézanne. — Rapport fait à la Société d'agriculture de l'Aube (le 17 mars 1839), sur la question de savoir si l'Agendicum des Commentaires de César est Sens ou Provins; dissertation de 98 pages. (Dans le bulletin de la Société d'agriculture de l'Aube, t. IX, p. 135.)

TRESSE. — Topographie physique et médicale de Rozoy-en-Brie. (Annales de statistique, t, VI).

VAN THEULDEN.— Les travaux d'Ulysse peints dans la galerie de Fontainebleau; 1632, in-f° oblong.

VARET (ALEXANDRE), grand vicaire de Sens. — Miracle arrivé à Provins par la dévotion de la sainte épine, etc., 1657, in-4°.

Factum pour les religieuses du mont Sainte-Catherine-lès-Provins, contre les PP. Cordeliers de la même ville; 1668, in-4° (anonyme), réimprimé en Hollande en 1679, in-12, et à (Doregnal), petit in-18, etc, in-8° de 345 p.

VAILLANT (FRANÇOISE-FARE DE), religieuse de Jarzeau. — L'Eboriac aux poètes français pour chanter dans leurs vers la vie et les miracles de sainte Fare, abbesse de Faremoutiers; Paris, Hucqueville, 1629, in-8°.

VATOUT (de l'Académie française). — Souvenirs des résidences royales; Fontainebleau, 1840, 1 vol. in-8°.

ANONYMES.

—

— La prise de la ville et château de Brie-Comte-Robert ; 1649, in-4°.

— Recherches de l'antiquité de la ville et bailliage de Château-Landon, réduites en forme de factum ; Paris, Charpentier, 1662, de 148 pages in-4° et in-8°. (Ce factum composé pour défendre les officiers du bailliage de Château-Landon contre les entreprises de ceux de Nemours qui voulaient réunir ces deux juridictions, est assez rare ; un exemplaire existe à la bibliothèque impériale, L, 2086).

— Explication et Recueil de pièces concernant le prix général rendu à Meaux et tiré le 29 août 1717 ; Paris, Huquier, 1717, in-4°.

— Recueil de pièces concernant le prix provincial de l'arquebuse royale de France rendu par la compagnie de la ville de Meaux, le 6 septembre 1778 et jours suivants ; Meaux, Leblocteur (Allart), 1778, in-12 de 226 pages.

— Assemblée des Etats-Généraux à Melun, in-4°.

— Etats tenus à Nemours, 2 vol. in-12, 173 ?

— Procès-verbal de l'assemblée de Melun en 1790 ; Melun, vᵉ Tarbé, 1790.

— Souvenirs historiques et archéologiques de

Provins. (Nouv. ann. des voyages, 1831, tome 2, p. 328).

— Notice des peintures et sculptures placées dans les cours et appartements du palais de Fontainebleau ; 1841, in-8°.

— Itinéraire des bateaux à vapeur de Paris à Meaux, avec la description statistique, historique et anecdotique des villes et bourgs, villages et hameaux qu'on aperçoit, etc. ; 1838, in-18.

— Dissertation sur l'abbaye de Beaubec (Seine-et-Marne). — Mémoires de l'Académie des inscriptions et belles-lettres, t. xx, p. 288.

— Notice historique et topographique sur le château et le village de Blandy, 1841, in-8°.

— Annales des révérends PP. Carmes-Déchaussés de Crégy, près Meaux ; 17..

— Procès-verbal et attestation d'un signalé miracle fait en l'abbaye de Faremoustier, le 3 août 1622, avec la déclaration de Mgr. (J. de Vieupont) l'évêque de Meaux ; Paris, Guerreau, 1623, in-8°.

— Dissertation sur Château-Landon (histoire de l'Académie des inscriptions et belles-lettres, t. viii, p. 415—637).

— Dissertation sur le village de Combs-la-Ville (Mémoires de l'Académie des inscriptions et belles-lettres, t. xx, page 23).

— Sur l'ancien nom de la ville de Meaux, (id. t. xix, p. 510).

— Series et historia episcoporum Meldensium (dans la Gallia Christiana, t. VII, p. 1597).

— Topographie médicale de la ville de Meaux, précédée de quelques réflexions sur l'origine de cette antique cité et suivie de différents projets pour des établissements d'hygiène publique ; 1826, 1 vol. in-12.

— Notice sur le pont de Montereau-Faut-Yonne, (Mémoires de l'Académie des inscriptions, tome IV, p. 563).

— La prise et rendition de la ville de Montereau-Faut-Yonne à l'obéissance de M. le duc de Mayenne, etc. ; 1589, in-12.

— Analyse des eaux minérales de Merlange, près de Montereau ; 1761, in-12.

— Description de la source de Merlange, etc. (Exposition des principes et propriétés des eaux minérales), 1775, in-12. (Voir Raulin).

— Traité des eaux minérales de Merlange, recueil de différentes pièces déjà publiées sur ces eaux ; 1766, in-12.

— Règle de saint Benoist avec les statuts d'Estienne de Poncher, évêque de Paris, pour l'abbaye de Chelles ; Paris, Caignard, 1697, in-12.

— Discours sur la capitulation faite par Henri IV avec ceux de Provins ; sans date (vers 1590), in-12.

— Histoire de l'ancienne abbaye de Juilly et de sa suppression (Gallia Christ., t. VII, p. 576).

— Conjectures sur la position de Médiolanum, Melun. (Mémoires de l'Académie des inscriptions, t. xxviii, p. 463).

— Courte histoire moderne de l'abbaye de Lagny, faite à Lagny (citée par Lebeuf, dans son histoire du diocèse de Paris, t. 1er).

— Recueil de titres et pièces concernant la communauté des habitans de Meaux; Meaux, Allart, 1739, in-4°.

— La vie et légende de Saint-Fiacre-en-Brie, in-4°, goth. avec fig.

— Généalogie de la maison de Melun; (dans le P. Symplicien, hist. généalogique, t. v, p. 221).

— De la duché-pairie de Trèmes à 4 lieues au nord de Meaux, érigée en 1648 (t. iv, p. 758 du même ouvrage).

— De la duché-pairie de Coulommiers, érigée en 1656, non enregistrée (id., t. v, p. 900).

— De la duché-pairie de Villars, près Melun, érigée en 1709 (id. t. v, p. 95).

— De la duché-pairie de Nemours, érigée en 1404, 1461, 1505, 1515, 1524, 1528 et 1672 (t. iii et v du même ouvrage).

— Réponse du maréchal duc de Vivonne, gouverneur de Champagne et de Brie, aux prétentions du marquis de Cœuvre, gouverneur de l'Ile-de-France, sur quelques villes de la Brie (Montereau, Brie, Lagny, Rozay, Coulommiers, Crécy et Pont);

in-f°, sans date (du xviii° siècle), conservée autrefois par M. Lancelot en manuscrit, n° 391 de son
catalogue.

— Recueil de lettres-patentes et autres actes
concernant les différends des officiers de la capitai-
nerie de Montceaux, etc.; Meaux, Allart, 1732, in-4°.

— Palais des Tuileries, du Louvre, Palais-Royal,
palais de Versailles, les deux Trianon, château de
Fontainebleau, château de Neuilly, (dom. privé du
roi), château d'Eu ; 1838, in-4°.

— Recueil historique de Provins. — Souvent
cité par M. Opoix, hist. de Provins, sous ce titre et
sous ceux de : Annales historiques et Anecdotes
historiques de Provins ; cet ouvrage est-il imprimé
ou manuscrit à la bibliothèque de cette ville? —
4 tomes.

— Fontainebleau ; paysages, légendes, souvenirs, fantaisies ; — publication dédiée à C.-F.
Denecourt, par l'élite de la littérature contempo-
raine, avec préface de Aug. Luchet ; Paris, Hachette, 1855, in-12 ; 2° édit. 1856, in-12.

BROCHURES ET ALMANACHS.

ACHAINTRE (N.-L.). — Dissertatio de urbe Agendico; (notes des commentaires de César, édit. de Lemaire, 1ᵉʳ vol. 1822).

ADRIEN (ALEXANDRE), doct. méd. à Crécy. — Considérations sur le choléra-morbus à Crécy et aux environs, en 1832; 1832, br. in-8°, Paris, Guiraudet.

ALEMBERT (le R. D'). — Eloge de Bossuet, évêque de Meaux, 1704, in-8°.

ALLOU (AUG.), évêque de Meaux. — Notice historique et descriptive sur la cathédrale de Meaux; 1839, in-8° gr.

— Mémoire sur Agendicum, (bullet. de la société archéologique de Sens, 1847).

— Reconnaissance du tombeau de Bossuet dans

la cathédrale de Meaux; Meaux, Dubois, 1855, in-8° gr.

AUDOIN DE CHAIGUEBRUN (ou DE THAIGNE-BRUN) (HENRI), médecin. — Relation d'une maladie épidémique et contagieuse qui a régné l'été et l'automne de 1757 sur les animaux de différentes espèces dans quelques villes et dans plus de 60 paroisses de la Brie, etc.; Paris, Prault, 1762, in-12.

AUFAUVRE (AMÉDÉE). — Notices sur Nemours, (société d'agriculture de Meaux, 1854—55), sur Larchant (id. et Journal de Seine-et-Marne, 1855).

BAILLET (ADRIEN). — Vie de sainte-Fare, abbesse de Faremoutiers.

— Id. de saint Saintin, évêque de Meaux;

— Id. de saint Ayle, abbé de Rebais;

— Id. de sainte Berthilde, abbesse de Chelles;

— Id. de saint Furcy, abbé de Lagny;

— Id. de sainte Aubierge, abbesse de Fare-moutiers;

— Id. de sainte Arcongathe, religieuse, id., etc. (dans les vies des saints; Paris, 1701, 17 volumes, in-8°.

BARBIER (ALEXANDRE), biblre. — Notice sur M. Huvier des Fontenelles, de Coulommiers; Paris, 18.., in-8°.

BARBIER fils. — Notice sur la vie et les travaux de A.-A. Barbier, de Coulommiers. (Dict. des anonymes, t. IV, 1827).

BAREAU, doct. méd. — Dissertation sur cette question : Provins est-il l'Agendicum des commentaires de César ? — Provins, Lebeau, 1821, in-12, et Paris, Raynal.

BARRUEL, chimiste. — Notice sur le fossile humain trouvé près de Moret, dép. de Seine-et-Marne ; Paris, Pinard, 1824, in-8°.

BAUGIER (Edme). — Réponse aux remarques critiques sur les mémoires historiques de la province de Champagne ; (Mercure, juillet 1722).

BERNIER, laboureur à Chauconin, près Meaux en Brie. — Moyen de purger le blé du noir dont est presque généralement infecté celui de la présente récolte 1785, d'après ses expériences et procédés, 4 pages, 1785 ; et dans l'almanach de Meaux, 1786.

BERTHIER (de l'Académie des sciences). — Analyse des terres du canton nord de Melun et de celui de Nemours, (annuaire de Seine-et-Marne, 1855, p. 75).

BERTON (l'abbé). — Notice sur le petit séminaire de Meaux. (Journal de Seine-et-Marne).

BILLATE (Nicolas). — Histoire du couvent des Cordelières de Provins ; 1740 ? broch. in-8°.

BIROAT (Jacques), dr en théologie. — Oraison funèbre de Dominique Seguier, évêque de Meaux : Paris. 1659, in-4°.

BLÉMUR (Jacqueline-Bouette de). — Éloge de Mme Françoise de La Chastre, abbesse de Faremoutiers ; Paris, 1667, in-4°.

— Éloge de Mme Jeanne Anne de Plas, abbesse de Faremoutiers; (Illustres de l'O. de St-Benoist, t. 2).

— Éloge de Marie de Lorraine, abbesse de Chelles, Paris, 1673, in-4°.

BOSSUET (J.-Bénigne), évêque de Meaux. — Catéchisme du diocèse de Meaux; Paris, Cramoisy, 1687, in-12; Lyon, Anisson, 1691, in-12. Nouvelle édition, Paris, v^e Bénard, 1701, in-12.

— Prières ecclésiastiques pour le même diocèse, 1689.

Mandements, réflexions, ordonnances, statuts synodaux, réglements touchant l'administration diocésaine.

— Mémoires et pièces concernant l'abbaye de Jouarre. Paris, 1690, chez Desprez, in-4°.

Voir les OEuvres complètes de Bossuet, Versailles, 1815, in-8°, t. VI et suiv.

— Lettres pour Mgr Bossuet, évêque de Meaux, contre les auteurs de l'histoire de Meaux et du Gallia Christiana, 1701? in-4°.

BOULLANGER (André), augustin. — Oraison funèbre de Marie de Lorraine, abbesse de Chelles; Paris, 1627, in-4°.

BOURQUELOT (Félix), de Provins, ancien élève de l'école des Chartes. — Plaintes et doléances de la ville de Provins aux États généraux de décembre 1560. (Bulletins des comités histor., 1849).

— Monnaie de Provins ; (revue de la Numismat⁰, 1838, p. 35).

— Notice historique et archéologique sur le prieuré de St-Loup-de-Naud (Seine-et-Marne), ✗ avec pièces inédites. (Bibliothèque de l'école des Chartes, t. 2, p. 244).

— Et ANATOLE D'AUVERGNE. — Revue archéologique et pélérinage à Jouarre ; Coulommiers, 1848, in-8° de 32 p.

BOUTARD (F.) — Ludovico magno fons Blaudi (1690), in-4°.

— Ode latine à la gloire de Bossuet, avec la traduction en vers français (dans le vol. 17ᵉ des manuscrits de Bossuet, à la Bibliothèque impᵉ, n° 5133).

BRETONNENU (GUI), chanoine. — Sommaire de la vie de Guillaume Briçonnet, évêque de Meaux, tiré des mémoires de Bordereau. (Hist. de la maison de Briçonnet, Paris, 1620, in-4°).

BRUNEAU (M.-R.), notaire honoraire, juge de paix de Crécy. — Baux à ferme ; recueil des usages de canton de Crécy ; Meaux, Dubois, 1855, in-8° de 48 p.

BURLUGUAY (J.), gardien des capucins, à Provins. — Toilette de Mgr l'archevêque de Sens, réponse au factum des filles de Ste-Catherine-lès-Provins, C. les PP. cordeliers. (Anonyme attribué à) 1669, in-12.

CAIGNET (ANT.). grand-vicaire de Meaux. —

Oraison funèbre de Mme Remye Bazin, abbesse de N.-D. de Meaux ; Paris, 1661, in-4°.

CARRO (A.) — Notices sur Montaiguillon, Chelles, Croissy, Ferrières, Nantouillet, Montceaux, etc., (dans le Journal de Seine-et-Marne).

CASTEL (RÉNÉ-LOUIS-RICHARD), professeur. — La forêt de Fontainebleau, poème, 1805, in-8°, (1823, in-8°, avec le poème des Plantes et autres opuscules), 1825.

CÉNÉGAL, membre de la Société d'agriculture de Provins. — Réflexions sur Provins, 10 p. in-8°, Provins, Lebeau ; 19 juillet 1847.

— Notes faisant suite aux réflexions sur l'origine de Provins ; Provins, 1ᵉʳ septembre 1847, 10 p. in-8°.

— Suite des notes de l'origine de Provins, 12 p. in-8°. Provins, Lebeau, 1847.

— Supplément aux notes sur l'origine de Provins, Provins, 15 décembre 1847, 12 p. in-8°.

— Deuxième supplément, 22 juillet 1848, 12 p. in-8°.

— Troisième supplément, 13 juin, 1849, 16 p. in-8ᵉ.

— Quatrième supplément, 8 p. in-8°.

— Cinquième supplément, 6 p. in-8°.

— Extrait des Commentaires de César, pour faire suite aux notes sur Agendicum-Provins ; Provins, Lebeau, 8 p. in-8° (et Feuille de Provins du 31 juillet 1852).

— Suite des extraits des Commentaires, 4 p. in-8° (et Feuille de Provins du 25 décembre 1852).

— Réhabilitation d'Agendicum-Provins, réfutation de Jaulnes. Provins, 1852, 12 p. in-8°.

— Documents irréfragables sur le sens de *fines* et *finibus*, à propos d'Agendicum ; Provins, Lebeau, 1852, 4 p. in-8°.

CHOISY (l'abbé de), de l'Académie française.— Éloge de Bossuet, évêque de Meaux ; Paris 1704, in-4°.

CLAIN, cultivateur à Fescheux, commune de Gesvre-le-Chapitre. —. Notice sur l'exploitation d'une ferme de 150 hectares, dans l'arrondissement de Meaux ; — Meaux, Carro, 1847, in-12.

CLÉRAMBAULT (l'abbé de). — Éloge de Bossuet, évêque de Meaux, à l'Académie française le 2 août 1704 ; in-8°.

CLINCHAMP (F.-Étienne-Victor de). — Christine à Fontainebleau, drame en 5 actes ; (Paris, vers 1830).

CORBLET. — Notice historique sur Juilly, 1844.

CORREARD de BRÉBAN. — Dissertation sur l'emplacement d'Agendicum, ancienne ville du peuple Sénonais. (Mémoires de la Société d'agriculture de l'Aube, 1er trim., 1831, t. v, p. 1re).

COSME de St-MICHEL, feuillant. — Oraison funèbre de A. Marie de Lorraine, abbesse de Pont-aux-Dames ; Paris, Josse, 1653, in-4°.

COURNOL. — Notice sur la vie et les ouvrages de J.-B.-L. Costel (chimiste natif de Meaux). Mémoires de la Société d'agriculture de Paris, t. 3.

COURT (DOM PIERRE), bénédictin. — La relation, la vie et la mort de M. d'Aligre, abbé de St-Jacques de Provins. Paris, 1712.

C.-C. M. — Souvenirs de Provins, mélangés de vieux et de nouveau, (en vers). — Feuille de Provins de janvier et février 1856).

DAUVERGNE (ANATOLE), membre de la Société française. — Notice sur le château neuf et l'église des capucins de Coulommiers (S.-et-M.), broch. de 33 p. in-8°, 1853, Caën, Hardel ; et Paris, Deroche, (et dans le bulletin monumental de M. de Caumont).

— Notice sur la commanderie de la Grange de l'Hôpital à Coulommiers ; (bulletin des comités historiques, 1853).

DELEAU (NICOLAS), doct. méd. — Nouvelle méthode de desséchement des marais, lue à l'Institut, où est rapportée l'expérience faite par l'auteur sur le marais de Larchant près Nemours (S.-et-M.), desséché en 1850 et transformé en 100 hectares de prairies ; Paris, 1854.

DENIS (l'abbé F.), professeur au grand séminaire de Meaux. — Etudes et notices sur Jean Rose, Jean Bureau, et la place Lafayette, à Meaux. etc. (Journal de Seine-et-Marne, 1849, et publications de la société d'agriculture de Meaux).

— Notice biographique sur L.-V. Raoul, recteur de l'académie de Bruxelles, né à Poincy (Société d'agriculture de Meaux et journal de Seine-et-Marne, 1848.)

— Rapport sur les monnaies gauloises et françaises trouvées dans les arrondissements de Meaux et de Coulommiers, depuis 1840. (Société d'agriculture de Meaux, 1845).

DENYS DE THÉZAN. — Notices sur les ruines de Montaiguillon, (Journal de Melun, 1839) ; sur l'ermitage de Provins, (Indicateur de Seine-et-Marne, 1839).

DEPPING (G.-B.). — Le rocher de Crégy, près Meaux (dans les Merveilles et beautés de la nature en France ; Paris, 1811, in-8°, p. 190).

DES ETANGS. — Liste des noms populaires des plantes de l'Aube et des environs de Provins ; (mémoires de la société d'agriculture de l'Aube, t. XII, p. 137, 1844, et t. XIII, p. 58, 1846).

DUJAY (JULIEN), membre de la société d'agriculture de Meaux et maire de Mareuil. — Statistique de Mareuil-lez-Meaux en 1834 ; Meaux, 1834, in-8° de 52 pages.

DOÉ, doct. en méd., membre de la soc. des antiq. de Paris. — Un mot sur les antiquités et origines de la ville haute de Provins, 1831, br.

DUCLOS (SAMUEL-COTTEREAU). — Observations sur les eaux minérales de France, faites en l'Académie des sciences en 1670 et 1671 ; Paris, 1675, in-12 ; 1731, in-4°. (L'auteur les divise en 8 classes : celles de Provins sont sous la 6° classe, eaux froides de saveur ferrugineuse ou austère), traduit en latin, Leyde, 1685, in-12.

DUMAS (ALEXANDRE). — Stockolm, Fontaine-bleau et Rome, trilogie historique sur la vie de Christine ; 5 actes en vers ; — Paris, 1830.

DUPERRON (DAVY). — Discours véritable de l'ordre et forme qui a été gardée en l'assemblée faite à Fontainebleau, etc., le 4 mai 1600 par P. M. A. D. P. P. ; Anvers, 1600, in-12.

— Actes de la conférence, etc., de Fontainebleau, le 4 mai 1600, par M. Jacques Davi, 2° édit. ; Evreux, 1602, in-12.

DUPLESSIS-MORNAY. — Discours véritable de la conférence tenue à Fontainebleau le 4 mai 1600, etc., publié anonyme, in-4°.

— Réponse au livre publié par l'évêque d'Evreux sur la conférence de Fontainebleau ; Saumur, 1602, in-4°.

DUPLESSIS (dom TOUSS.-CHRÉT.), m. b. — Réponse à une lettre de l'abbé de Saint-André sur l'histoire de Meaux, 1732, in-4°.

— Extrait du Journal des Savants en forme de réfutation de la précédente réponse ; (anonyme), Meaux, in-4°.

— Lettres de dom Duplessis écrites de Rouen le 14 novembre 1732, sur quelques endroits de son histoire de Meaux ; (Mercure, décembre 1732, p. 2591).

DUSOMMERARD. — Vues de Provins, recueil de vues dessinées par plusieurs artistes, avec texte de M. Dusommerard; Paris, Gide fils, 1832, gr. in-4°.

FAUCHE (HIPPOLYTE).—Anne d'Elvar, ou Meaux sur la fin du xvᵉ siècle. (Feuilleton du Journal de Seine-et-Marne, juin 1851.) N'a pas été terminé.

FONTAINE, architecte du roi. — Notice sur l'origine, l'histoire et la situation actuelle du château de Fontainebleau, 1837.

FONTENELLE (LE BOVYER DE). — Eloge de L. Carré, mathématicien, natif de Clos-Fontaine (S.-et-M.). (Histoire de l'Académie des sciences, année 1711).

FOURTIER. — Notice sur les ruines de Montaiguillon. (Journal de Seine-et-Marne, 1840).

FRELON (JACOBÉ), sonneur de Saint-Quiriace de Provins. — Petit journal des Enterrements (vers 1760); n'est guère connu, cité seulement pour la bizarrerie de l'idée.

FULCOIUS, de Beauvais, sous-diacre de Meaux. — De sancti Fiacrii vita, carmen héroïcum (composé vers 870); in-8° de 14 ou 16 pages. (Se trouve aussi dans l'histoire de saint Fiacre, d'Ansart de Taupon).

G*** (marquis de). — Mémoire pour l'amélioration des bêtes à laine dans l'Ile-de-France; 1788, in-8° de 26 pages.

GÉROST, de Villenauxe. — Dissertation sur l'emplacement d'Agendicum (dans les mémoires de la Société d'agriculture de l'Aube, t. xiii, p. 68).

GAILHAC, secrétaire-trésorier, etc. — Notice historique sur la vie et la mort du général Damesme (de Fontainebleau); Fontainebleau, Jacquin, 1849, 15 pages in-8°.

GAUDIN, de Gournay. — Vie de saint Hildevert, évêque de Meaux, en rithmes françaises; — Rouen, 1615, in-8°.

GIRY (le P. Fr.). — Vies de saint Faron et de saint Fiacre (dans la vie des saints).

GOZLAN (Léon). — Les châteaux de Vaux et de Voisenon (dans les Châteaux de France, 1839).

GRANDJEAN DE FOUCHY. — Eloge de Ch. Etienne-Louis Camus, mathématicien, natif de Crécy-en-Brie; (Mémoires de l'Académie des sciences, 1768).

GRÉSY (Eugène), de la Société des antiquaires de France. — Recherches sur les sépultures récemment découvertes en l'église N.-D. de Melun, suivies d'une dissertation sur les prétendues amours d'Agnès Sorel et de Estienne Chevalier, melunois; Melun, Michelin, 1845, fig. in-8°.

— Notice sur les antiquités découvertes à Melun en 1847. (Mémoires de la Société des antiq., t. xix, p. 150).

— Description historique du château de Melun, figuré sur un sceau du xvᵉ siècle; 1853, in-8°.

— Vie de Jacques Amyot (de Melun), tirée des mémoires de l'abbé Lebeuf, suivie de notes et documents inédits; Paris, Dumoulin, 1849, in-8° de 95 pages, portrait.

GUÉRARD (E.). — De l'origine de Provins. (Mémoire de la Société d'agriculture de Provins, année 18..

GUETTARD, de l'Académie des sciences. — Description de la Grotte de Crégy (près Meaux) ; dans les mémoires sur les stalactites ; Académie des sciences, année 1754, p. 57.

GUÉRIN (N.-L.), de plusieurs sociétés savantes. — Notice archéologique, historique et critique sur la commune de Chailly ; (dans l'Éclaireur de Coulommiers, 1849).

HÉRICART DE THURY. — État des recherches faites dans les environs de Paris et les départements environnants pour la découverte des mines de houille ; 1837, broch. in-8°.

HILDEGER, évêque de Meaux au IXe siècle. — Vita Sti-Fiacrii, composée sur les archives de l'abbaye de St-Faron, dont il reste quelques fragmens dans le tome 1er des Actes des SS. Bénédictins.

— Vie de St-Faron, aussi en latin, dont André Duchesne a donné des extraits dans le tome 1er des Hist. de France.

HILTENGER (J.) — Vita Sti-Agili, abb. Resbacensis ; (Recueil de Bollandus).

HIVER, procureur du roi, à Orléans. — Considérations sur les monnaies de Champagne, (Revue de Numismate, 1839, p. 39).

JAMIN (E.), ancien professeur de l'Université. Compte-rendu des additions, restaurations et embellissements exécutés au palais de Fontainebleau, par les ordres de S. M. Louis-Philippe, 1834, br.

LAMY (le P. FRANÇOIS) bénédictin. — Explication du phénomène causé par la foudre à Lagny-sur-Marne, en 1689, — in-8°.

LARUE (CH. DE), jésuite. — Oraison funèbre de Bossuet, évêque de Meaux, Paris, 1704, in-4°.

LEBER (P.) — Germinia.... (description de Germigny, château de plaisance des évêques de Meaux). — Meaux, 1677, 8 p. in-4°, en latin.

LEBEUF (l'abbé). — Lettre sur une offrande singulière faite en forme de satisfaction à J. de Meulent, évêque de Meaux, en 1347; (journal de Verdun, juillet 1753, p. 48-52).

— Observations sur la position de Métiosedum, voisin de Paris, avec quelques remarques sur l'île de Melun et sur l'île de Paris. (Rec. d'écrits sur l'histoire de France, t. 2, p. 142-178).

LECOURT ou DOM P. COURT, bénédictin. — Lettre (anonyme) écrite de Provins... sur d'Aligre; Paris 1712, in-4°.

LELLERON (BERNARD), de Provins. — Vie de saint Ayoul, poème en 6 chants; (vers 1650).

LELONG (le docteur). — Anatomie des eaux minérales de Provins; Paris, Loison, 1654; — 2e édition, Paris, Dumesnil, 1659; — 3e édition, J. Ribou, 1667; — 4e édition, chez Ribou, 1677.

LENET (PHIL.-BERNARD). — Oraison funèbre de F. d'Aligre, chanoine régulier, abbé commandataire de St-Jacques de Provins; Paris, 1712, in-12.

LEPELLETIER (le P.) — Vie de St-Thibault, patron de Provins et de Lagny ; Paris, Simart, 17.., in-12,

LEPRÉVOST (Aug.) — Rapport sur une pierre tumulaire du commencement du xive siècle (1307) qui existe dans l'église d'Avon ; 1843, br. in-8°.

LONGPÉRIER (Adrien de) — Recherches sur les monnaies de Meaux; Paris, 1840, in-8°. grav. et dess. de l'auteur ; (annonçait une étude sur les *méreaux* de cette ville).

— Notice sur Meaux, (dans l'histoire des villes de France, d'Aristide Guilbert, 1847).

LONGPÉRIER-GRIMOARD (Alf. de). — Les évêques de Meaux, notice historique, héraldique et numismatique ; broch. de 31 p., in-8°. (Dans l'Oriflamme, moniteur de la noblesse), vers 1850.

— Notices sur le château de Nantouillet et sur les Évêques de Meaux, (Bulletin de la Société d'agriculture de Meaux, 1855).

L..... G..... — Notice sur la foire de Montéty, commune d'Ozouër, 1844, in-8° d'une feuille.

L.... (Th.) — Notices sur le château, le comté et les seigneurs de Crécy-en-Brie ; sur les fortifications de la même ville ; sur les anciennes bénédictines de Montdenis ; sur Esbly ; sur Bailly ; sur Camus, de Crécy ; sur Villeneuve-le-Comte, (Journal de Seine-et-Marne, 1853, 54, 55, 56, 57).

MM. — La bibliothèque de Provins, 1681 à

1836. (Feuilletons de la Feuille de Provins, 1856).

MAFFÉI (Paul-Alex.) — Éloge de Bossüet, évêque de Meaux, prononcé à Rome, au collége d'Urbin, in-4°, br., traduit de l'italien, 1707.

MALTE-BRUN (V.-A.). — La France illustrée, 3ᵉ livr., dépᵗ de Seine-et-Marne, 16 p. in-4° et carte; Paris, Barba, 1853.

MARCHAND (Prosper). — Histoire de Philippe de Vitry, évêque de Meaux, (dans son dictionnaire historique et critique ; La Haye, 1 vol. in-f° de 2 tomes).

MARLAND (l'abbé Denis-Antoine), curé de la Chapelle. — Notice sur La Chapelle-sur-Crécy (dans les Essais historiques de Michelin, 1829-32, p. 628).

MARTIN. — Notice nécrologique sur M. Armand CASSAN (natif de St-Germain-lès-Couilly), Mantes, 1837, in-4°.

MASSON de St-AMAND (Armand-Narcisse). — Promenade de Paris à l'ancien château royal du Jard, près Melun, berceau de Philippe-Auguste, avec des notes sur les villages, etc., qui se trouvent sur cette route; 1824, in-12.

MEUGY, ingénieur des mines. — Analyse des terres des environs de Meaux. (Bulletin de la Société d'agriculture de Meaux. 1856.)

MICHAUX (Clovis). — Fontainebleau, poésie, Bulletin de la Société d'agriculture de l'Aube, t. vii, p. 116, année 1835.)

MODESTE (V.). Projet de construction d'un abattoir à Meaux; 1855, in-12.

NAUDOT, docteur-médecin, inspecteur des eaux minérales de Provins. — Notice sur des os fossiles de lophiodon et de crocodile découverts à Provins, in-8°; (et Ann. des sciences naturelles, décembre 1829).

— Réflexions sommaires d'un citoyen de Provins sur les différents changements proposés dans la ville; Provins, Michelin, 1790, in-4°.

— Sur les sels principes des eaux minérales de Provins (journal de médecine, septembre 1779, page 51.)

NICÉRON (J.-P.). barnabite. — Histoire de Bossuet, (dans ses mémoires, 1729, en 42 tomes in-12) tome 2.

NOEL (LE PÈRE). — La parfaite abbesse, ou éloge funèbre de Mme Catherine de Baradat, abbesse du Pont-aux-Dames; Paris, 1654, in-4°.

OFFROY (VICTOR), adjoint au maire de Dammartin. — Notices sur le Plessis-aux-Bois, l'ermitage du St-Sépulcre, près Dammartin, Fontaine-les-Nonains, etc., etc., (dans le journal de Senlis et dans le Journal de Seine-et-Marne, 1838-55.)

OPOIX (CHRISTOPHE), historien de Provins. — La fête de la Pudeur proposée comme modèle pour les autres fêtes décadaires, avec une prière à l'Être suprême, un hymne à la Pudeur et un discours; par C. Opoix, député de Provins à la Convention ; nivôse an III ; 1 feuille in-8°.

— Le citoyen Opoix, député de Provins, à ses collègues ; Provins, 1792, in-8°.

— Le siége de Provins par Henri IV, comédie, broch. de 29 pages in-12 ; Provins, Lebeau, 1824.

— Les eaux minérales de Provins, comédie, 1824, in-12 de 66 pages.

— Premier supplément à l'histoire et description de Provins, 1825, 12 pages in-12.

— Suite à l'histoire et description de Provins, 48 pages in-12, 1829.

— Agendicum ou l'ancien Provins, 1838, br. in-12.

— Dissertation sur les roses de Provins ; (dans le Journal de physique de l'abbé Rozier, 1818).

— Réponse au prospectus de l'histoire de Provins, de M. Félix Bourquelot, 1838, in-8°.

— Vie de Jean Desmarets (provinois), in-12.

OPOIX (ARMAND-CHRISTOPHE). — Supplément à l'histoire et description de Provins de M. C. Opoix, par le petit-fils de l'auteur ; 1847, in-8°.

PASQUES, secrétaire de la Société d'agriculture de Provins, bibliothécaire de cette ville. — Notice et dissertation sur Provins ; est-il l'Agendicum des commentaires de César ? question de point de fait historique proposée pour prix de la Société à la séance du 26 juin 1820 ; br., Provins, Lebeau, 1820, in-8°.

— Notice sur les anciens manuscrits de Provins

et leurs auteurs. (Société d'agriculture de Provins, 1807).

— Notice sur Provins, 1845, in-8°.

PETIT-RADEL. — Notice historique comparée sur les aqueducs des anciens et la dérivation de la rivière d'Ourcq ; 1803, in-8°.

PETIT (VICTOR). — Encore Provins ; Paris, 1848, in-8° de 32 pages.

PHULPIN (A.). — Notices sur les fouilles de la montagne du Châtelet (Seine-et-Marne) ; Paris, 1831, in-8°.

PINET (ANT.), avocat au bailliage de Meaux. — L'affection de la ville de Meaux au roi, etc. ; Paris, Pierrot, 1614, in-8°.

POLIGNAC (l'abbé de). — Eloge de Bossuet à l'Académie française, le 2 août 1704 ; Paris, 1704, in-8°.

POUJOULAT. — Lettres sur Bossuet, évêque de Meaux ; (Paris, 18..).

RAMON, de Provins. — Notice nécrologique sur M. Christophe Opoix (de Provins) ; Provins, Lebeau, 12 pages in-8°, 1841.

RATAUD jeune. — Notice sur quelques objets trouvés dans la forêt de Fontainebleau. (Mémoires de la société des antiq. de France, t. VIII, p. 247).

RICHARD et GIRAUD. — Vie de sainte Aubierge, abbesse de Faremoutiers, (dans la bibliothèque sacrée, t. III, p. 261).

RIVET (A.). — Histoire de la vie et des ouvrages d'Arnould, abbé de Lagny. (Histoire littéraire de France).

ROBINSON (le docteur Ch.), de l'université d'Edimbourg. — Considération sur le choléra-morbus observé à Paris et à Crécy, arrondissement de Meaux (S.-et-M.), etc.; Paris, 1833, 62 pages in-8°.

SAINT-ANDRÉ (l'abbé de), vicaire-général du diocèse de Meaux. — Lettre de M. l'abbé de Saint-André au sujet de la nouvelle histoire de Meaux, donnée par dom Duplessis; Meaux, Allart, 1732, in-4°.

— Relation de la maladie et de la mort de Bossuet, évêque de Meaux. (Journ. chrétien; 1757, t. II, p. 341).

SAINT-ANDRÉ (l'abbé de) et autres. — Mémoire relatif à la cathédrale de Meaux; 1738, br.

SAINT-ABEL (Sylvestre de). — Observations sur un usage singulier du bourg de Mitry, près de Lagny; (Mémoires de la société littéraire d'Auxerre, 1780).

SAINTE-MARTHE (Abel de), bibliothécaire. — Discours sur le rétablissement de la bibliothèque royale de Fontainebleau; Paris, 1668, in-4°.

SALVERTE (Eusèbe), de la Société des antiquaires. — Dissertation sur Agendicum-Provins, 1829.

SANTEUIL (J.-B. de). — Eloge de Germigny-l'Évesque, maison de plaisance de Bossuet, en vers latins, avec la traduction en vers français, par Danchet; vers 1690, in-4°, (et dans le Santoliana, Cologne, 1722, in-8°).

SAURIN (JOSEPH). — Eloge funèbre de Bossuet, évêque de Meaux; (Journal des savants, 8 septembre 1704).

SÉGUY (l'abbé), de l'Académie française, chanoine de Meaux. — Oraison funèbre de Henry de Thyard de Bissy, évêque de Meaux; Paris, Prault, 1737, in-4°.

SENAULT (J.-F.) — Oraison funèbre de Madeleine de la Porte, abbesse de Chelles; Paris, Petit, 1671, in-4°.

SOULIÉ (FRÉDÉRIC). — Christine à Fontainebleau, drame historique, 1830.

TAILLANDIER (A.-HONORÉ). — Notice sur l'église collégiale de Champeaux, près Melun; (mémoire de la société royale des antiq. de France, 1835, t. II).

TARABAUD (le P.), ancien oratorien. — Supplément aux histoires de Bossuet et de Fénélon, 1822, in-8°.

TARDY (J.-CAR.). — Anetum, carmen, villa H. Feydeau, ad Matronam posita; Paris, 1709, in-4° et in-8°.

THOMÉ (l'abbé C.-T.), chanoine de Meaux. — Lettres à dom Duplessis, au sujet de la prétendue vente des reliques de saint Saintin et de la translation de la châsse de saint Fiacre, patron de la Brie ; Paris, Giffart, 1747, in-4°.

— Autre lettre du même, touchant la liste des doyens de l'église de Meaux ; Paris, Giffart, 1749, br. in-12 de 35 pages.

— Lettre de l'abbé Thomé à dom Duplessis, au sujet d'un jugement rendu par le connétable de Châtillon, en faveur du chapitre de Meaux, etc. ; Paris, Giffart, 1748, in-4°.

— Recherches sur les baillis de Meaux, (Journal de Verdun, févr. 1763, p. 121).

TITREVILLE (Carolus de). — Chessiacum ad D. Henricum de Fourcy, etc. ; Paris, 1637, in-4°.

TOURLET (Réné). — Notice sur Alexandre Barbier, bibliographe, (natif de Coulommiers). Moniteur du 3 juin 1826.

TOURONDE, curé de Mitry. — Lettre au sujet d'un usage local cité par M. Saint-Abel ; (Journal des savants, févr. 1774, in-4°, p. 110).

TRÉLAT (E.) et E. MANGEON, architectes. — Notice sur une église de campagne (N.-D. de Villeneuve-le-Comte) ; Paris, Bourgogne et Martinet, 1845, in-8° de 23 pages et pl.

VIOLLE (dom Eustache), pr. de Saint-Fiacre. — Mémoire sur l'état déplorable du prieuré de Saint-Fiacre-en-Brie ; vers 1626, in-4°.

VIRFÈLE (de Meaux). — Suprématie du fromage de Brie, in-8° de 12 pages, 1830.

..... (de Provins). — Recherches sur l'Agendicum des Commentaires de César et sur les voies romaines de l'arrondissement de Provins ; br. 1853.

— Notes sur le même sujet, (feuille de Provins, 15 janvier 1853).

———

ANONYMES.

Vie de Ste-Syre, sœur de St-Fiacre; Troyes, P. Seneuse, 1692, in-8°.

— Sur Agendicum ; (notes des Commentaires de César, édition Panckoüke, t. 2, p. 126).

— Une ferme dans la Brie française ; (Mag. pitt.. 1854 et 1855, p. 279, 360, continué en 1856).

— Notice et dissertation (anonyme) sur Provins ; — est-il l'Agendicum des Commentaires de César? Provins, Lebeau, 1820, in-12.

— Tableau des anciennes mesures du département de Seine-et-Marne, comparées aux mesures républicaines, par ordre du Ministre de l'intérieur ; Paris, imp. de la Républ., an VIII, br. in-4°.

— Sentence de police de Meaux du 7 mai 1782, (relative à la cathédrale, 7 p., petit in-4°).

— Procès-verbal de la séance de la Société populaire des amis de la constitution de Provins, du 20 brum. an II ; Provins, an II, in-8°.

— Députation des villes de Montereau-faut-

Yonne, Provins, Bray-sur-Seine et Nemours, aux membres du Conseil municipal de Paris; 1814, br. (et au Moniteur, 28 février, 6 et 7 mars 1814).

— Projet d'embranchement sur le chemin de fer de Strasbourg, de la station d'Esbly à Coulommiers; 1849-50. (Il existe plusieurs brochures sur ce sujet, publiées par MM. Despommiers, Hardy, Sorelle, etc.).

— La Crespinette et Couplets apologétiques d'un patriote provinois; (ce sont deux petits recueils pamphlétaires, publiés en novembre 1810, à propos de la fondation de la justice de paix de Provins).

— Louis XIV donnera les grandes marionettes (la revue) dans la plaine de Moret; broch. vers 1664.

— Parallèles des siéges de la Rochelle et de Moret, par Louis XIII et Louis XIV, libelle impr. à Paris vers 1664.

— Justification et demande en liberté, par Charlet, citoyen de Provins, cultivateur, ci-devant procureur dela Commune; 1793, in-8°.

— Ordonnances du conseil permanent du district de Provins, pour l'exécution complète et immédiate des mesures réclamées par P. Dubouchet, et nomination des commissaires pour les visites domiciliaires; 1793.

— Doléances du clergé de Provins aux États de Blois et aux États de 1614; (Rec. des États généraux tenus en France, par Touss. Quinet, 1651, p. 208, 246).

— Une journée au Vivier, commune de Fontenay ; Paris, Éverat, 1832, in-4°.

— Lettre-circulaire des dames de Faremoutiers sur Madame Marie-Rénée de Maupeou, abbesse, morte le 15 février 1759 ; in-4° de 20 p.

— La fête du sentiment, donnée à M. le duc de Penthièvre, à Crécy, etc., 1780, in-8°.

— Pétition de la commune de Provins à l'assemblée nationale, pour obtenir l'établissement de la maison principale d'éducation publique, Provins, Michelin, 1792.

— La fête de l'Union..., à Provins. Provins, citoyen Michelin, 7 août 1793.

— Discours de M. le marquis de Paroy, prononcé le 16 mars 1789 à l'assemblée des états de Provins et à Montereau ; Provins, 1789, in-8°.

— Manifeste de M. de Vitry, gouverneur de Meaux et de Brie, à la noblesse de France, avec la déclaration de la ville de Meaux, à MM. les prévôts des marchands, échevins et bourgeois de Paris ; — 1594, in-8° (et dans les mémoires de la Ligue, de Simon Goulard).

— Réception d'un ambassadeur turc à Montceaux, près Meaux ; impr. en ....?

— Mémoire de l'Université de Paris, touchant le collége de Provins, 1668, in-8°.

— Ordonnance de Mgr l'archevêque de Sens, au sujet de l'entreprise des jésuites sur le collége de Provins, du 2 février 1668 ; in-4°.

— Remarque sur un endroit de l'histoire de Meaux ; (Mercure, avril 1732, p. 687).

— Lettres de ..... au R. P. ...., chanoine régulier, au sujet d'un petit supplément à l'histoire de Meaux, de dom T. Duplessis ; (Mercure, octobre et décembre, 1736, pp. 2225 et 2662).

— Éloge de Bossuet ; (Mém. de Trévoux, nov. 1704).

— Découverte d'une charpente en châtaignier, à Courchamps, près Provins ; (Mém. de la Société d'agriculture de l'Aube, 1843 ; t. xi, p. 141.

— Lymnée et clausilie fossiles découvertes à Provins, (id., t. vi, p. 201, année 1832).

— De la culture du chasselas à Thomery, près Fontainebleau ; (id. t. viii, p. 91, année 1837).

— Eccles. Meldensis- — (Gallia christ. p. 514).

— Discussion entre le comte de la Chapelle-Gauthier et le vicomte de Melun (dans les mémoires de M. le C. d. R. contenant ce qui s'est passé de plus particulier sous les ministères de Richelieu et Mazarin, etc. Cologne, P. Marteau, 1687 ; (p. 347, 351 à 360), reproduit par M. Nicolet, hist. de Melun, p. 368).

— Dissertation sur la bibliothèque fondée à Fontainebleau par François Ier ; (Hist. de l'Académie des Inscriptions et Belles-Lettres, t. v, p. 353).

— Voyage aux ruines de l'ancien château royal du Vivier, 1835, in-8° (et dans l'Artiste, 26 juillet 1835).

— Éloge d'Amyot, melunois (Mém. de l'Académie française, 1849).

— Remarques critiques sur les Mémoires historiques de Baugier ; adressées à un conseiller du parlement (sur la province et les comtes de Champagne), Mercure, Avril 1722.

— Lettre-circulaire sur la mort de Mme Jeanne Anne de Plas, abbesse de Faremoutiers ; Paris, Michallet, 1678, in-4°.

— Mémoire instructif sur le différend touchant la cure d'Avon et de Fontainebleau, pour les PP. de la Trinité contre les prêtres de la Mission ; vers 1667, in-4°.

— Arrêt du conseil d'État confirmant l'établissement du séminaire de Meaux, dans l'hôp. Jean-Rose de la même ville, du 20 septembre 1736 ; Paris, Simon, 1736, in-4°.

— Lettre d'un ecclésiastique de Provins, du 27 février 1668 à un de ses amis sur l'ordonnance de Mgr l'archevêque de Sens, du 4 décembre, au sujet du collége de Provins, dans lequel les jésuites voulaient s'établir ; in-4°.

— Lettres d'un ecclésiastique sur la vocation et profession monastiques de Mme d'Orléans, abbesse de Chelles ; Dijon, 1719, in-12.

— Description de la pompe funèbre.... célébrée en l'église de Chelles pour le repos de Louise-Adélaïde d'Orléans, religieuse professe et ancienne abbesse de cette abbaye ; (Mercure, août 1743, p. 1869).

— Histoire abrégée de la fondation de l'abbaye
royale des dames Cordelières-Urbanistes du Mont-
ste-Catherine-lès-Provins; 1733, in-4°.

— Notice sur Agendicum; (histoire de l'Académie des Inscriptions, t. v, p. 75).

— Vita sancti Agili, abb. Resbacensis; (Saints de
l'O, de St-Benoît, p. 315, et recueil de Bollandus).

— Récit véritable du siége de Paris.... avec les
articles arrêtés à Melun par le roi de Navarre et sa
noblesse; (en allemand) 1594, in-8°.

— Articles accordés à Melun par Henri de Bour-
bon, prétendu roi de Navarre, etc., lorsqu'il pensait
entrer à Paris, etc.; 1590, in-12.

— Procès-verbal des concours du Comice agricole des arrondissements de Melun, Fontainebleau
et Provins, année 1851. — 1852, broch.

— Concours et Comice agricole de l'arrondissement de Coulommiers, fête de l'agriculture, 31
mai 1852; broch. in-8°, 1852.

— Compte-rendu des travaux de la Société d'a-
griculture de Rozoy, pendant l'année 1851; br.
1852.

ALMANACHS.

— Almanach de Provins pour 1757; — à Provins, chez vᵉ Louis Michelin, avec cette épigraphe;
« *Multum utile multis.* »

— État ecclésiastique civil et politique du diocèse de Meaux, avec des notes et un calendrier pour 1771. Meaux, v⁰ Charle, in-24. (C'est un essai de l'almanach du diocèse de Meaux qui parut 2 ans plus tard).

— Almanach historique et géographique du diocèse de Meaux, pour 1773, 1774 ; — corrigé et augmenté pour 1775 ; — Paris, Lambert ; Meaux, v⁰ Charle, 180 p. in-24 ; 1776, 1777, 1778, 1779, 1780, 1781, 1782, 1783, 1784, 1785 ; — Almanach de la ville et du diocèse de Meaux pour l'année 1786 ; Meaux, Charle, de 216 p. in-24. 1787, 1788, 1789, in-24. (Le volume se vendait 90 centimes ; la collection composée de 17 volumes est devenue assez rare) (1).

— Almanach historique, topographique et littéraire de la ville de Provins, capitale de la Brie

(1) Il est à présumer que des almanachs avaient été publiés à Meaux avant ceux-ci, car Pierre Janvier, curé de St-Thibault, dont les manuscrits sont à la bibliothèque de cette ville, qu'il habita à peu près toute sa vie, dit lui-même assez prétentieusement dans son épitaphe :

> Ci-git le bon curé Janvier,
> Des nouvellistes le premier,
>
> . . . . . .
>
> D'almanachs agréable auteur,
> Etc.

Pourtant nous n'avons rien découvert qui pût justifier cette présomption.

champenoise ; par la Société patriotique ; Provins,
1780 et années suivantes, in-12.

— Almanach du département de Seine-et-Marne ;
Melun, ch. Lefèvre-Compigny, in-24, an V à 1816 ;
1823, 28—29 ; — 1830, publié par J.-P. Joyeux,
chef de bureau à la préfecture, in-24 ; prix 1 f. 10.

— Annuaire du département de Seine-et-Marne,
par Michelin ; Melun, 1819, 31, 36, 47 et depuis
chaque année, 1 vol. in-12.

— Annuaire administratif du département de
Seine-et-Marne, année 1836 ; par J.-A. Valon, chef
de bureau à la préfecture ; Melun, Michelin, 1836,
in-12.

— Almanach républicain de Seine-et-Marne
pour 1849, in-24.

— Grand almanach populaire de Seine-et-
Marne ; 1851, 52, 53, 54, 55, Paris, in-18.

— Almanach de la Champagne et de la Brie ; —
Troyes, Bouquot, 1853, 54, 55, 56, 57, in-16.

— Almanach littéraire, historique et topographique de Seine-et-Marne pour 1856, par A. Guérard, maître de pension à Avize*(Marne) ; Paris,
1855, in-16.

MANUSCRITS.

Nos manuscrits, assez nombreux, sont tous modernes. A part quelques terriers et cartulaires, et
après la vie de saint Blandin du diacre Fulcoïus, et
les antiquités de Melun du moine Gualtère, qui
datent des xiᵉ et xiiᵉ siècles, on arrive sans transi-
tion au recueil de Claude Hatton, curé du Mériot
(1586), puis aux mémoires de Lenfant et de Bordereau, procureurs meldois au 17ᵉ siècle, mémoires
explorés et renouvelés cent ans après par M. Rochard. De cette période comprise entre l'an 1600 et
la fin du 18ᵉ siècle, datent donc presque tous les
manuscrits conservés aujourd'hui sur notre département; citons seulement ici ceux de M. Eus.
Grillon, médecin provinois, du curé Janvier, des
abbés Phélipeaux et Ledieu, de M. Ruffier, maire de

Provins, du chanoine Billate, du menuisier meldois Mouton, et ensuite ceux du docteur Rochard. Dans la dernière partie de cette période, peu d'années avant 1789 et presque en même temps, MM. Hanu, échevin de Provins, Humbert de Fleigny, l'abbé Boutinot, dom Racine, le conventionnel Cordier, Claude Rivot, les abbés Thomé et Itier consacrent à leur tour leurs loisirs à l'étude de l'histoire locale et laissent quelques travaux manuscrits sur Provins, Meaux, Coulommiers, et même sur de simples villages comme Villeneuve-le-Comte et Saint-Fiacre.

Ces écrits, dûs comme on voit à la plume laborieuse des prêtres, pour la plus grande partie, sont loin d'être des chefs-d'œuvre, sans doute : mais à travers d'interminables pages d'un style plus ou moins diffus, on parvient toujours à saisir de curieux renseignemens, à puiser des faits pleins d'intérêt et d'utiles détails pour l'histoire locale. Ces manuscrits sont donc devenus très-précieux aujourd'hui que nous n'avons plus, à beaucoup près, les mêmes richesses à consulter que nos devanciers pour l'étude de notre histoire. Les dignes ecclésiastiques qui, utilisant leurs longs loisirs, ont fait des recherches et nous ont laissé ces ouvrages — compilateurs bien intentionnés plutôt que savants archéologues — avaient sous la main une infinité de documents originaux, inédits : les chartriers de l'évêché, ceux des collégiales, des églises,

des monastères, couvents et communautés que nous
ne connaissons plus guère que de réputation ; les
registres et comptes des fabriques, des curés, des
chapelains ; les Mémoires, sortes d'histoires manuscrites de presque toutes les abbayes, écrites dans
ces établissements mêmes et qu'il ne fallait pas
toujours, il est vrai, suivre au pied de la lettre ; —
les papiers-terriers, cuillerets, nécrologes et cartulaires ordinairement si volumineux des maisons
religieuses et des seigneuries qui, les uns et les
autres, ne sont parvenus jusqu'à nous qu'en très-
petit nombre.

Aujourd'hui, de tous ces documents si utiles à
l'histoire que reste-t-il encore? Le catalogue des
titres, terriers, chartes et registres antérieurs à
1790, rassemblés et conservés au département a été
publié en 1848 par les soins de la commission des
archives départementales et communales. Pour
compléter autant que possible notre travail, nous y
avons ajouté une énumération sommaire de ces
archives (page 100), et on peut le voir, elles sont
relativement peu nombreuses.

Quelques cartulaires et autres recueils de pièces
sauvés par hasard, sont tombés entre les mains des
particuliers, dispersés ou égarés. Il en existe encore
à coup sûr, qui restent ignorés dans quelque coin
des dépôts publics, à la bibliothèque impériale et
aux archives de l'empire, sans être les uns ni les
autres perdus pour l'histoire ; nous en avons men-

tionné plusieurs que nous connaissions. Mais le plus
grand nombre a-t-il eu cette bonne fortune? Quel a
été le sort de la plupart des documents explorés
vers 1730 par dom Duplessis pour son histoire de
l'église de Meaux ; que sont devenus les mémoires
des couvents et des hopitaux, et cette infinité de nécrologes cités par cet historien?... La révolution,
met-on invariablement en avant. En effet, sous ce
rapport, la Révolution a énormément de fautes à se
reprocher ; que de destructions, que d'anéantisse-
ments coupables n'a-t-elle pas commis ! Mais de
combien de méfaits aussi ne l'accuse-t-on pas gra-
tuitement? Dans une petite brochure publiée par
MM. Trélat et Mangeon en 1845, sur Notre-Dame
de Villeneuve-le-Comte, on signale la perte des
archives de cette église, et c'est vers 1825 que ces
titres précieux qui avaient triomphé du temps et
survécu à la révolution, furent vendus moyennant
cinq francs par leur ignorant dépositaire, avec le
vieux coffre ferré qui les renfermait depuis des
siècles!... Et malheureusement ce fait est loin
d'être unique.

Avant de terminer ces lignes et pour faire dispa-
rate, nous nous plaisons à rappeler ici qu'au mois
d'octobre 1853, grâce à la sollicitude éclairée du
gouvernement, plus de 1,400 pièces importantes
sur parchemin, — chartes, registres, comptes manuscrits des rois de France, — parmi lesquels il s'en
trouvait de relatives à notre province, qui avaient

été dispersées à diverses époques et étaient déjà employées à la confection des gargousses, ont été sauvées d'une perte imminente et restituées à l'étude de notre histoire.

Un mot encore : il n'est pas hors de propos de signaler enfin l'existence de beaucoup de registres d'audiences des anciennes justices seigneuriales et criminelles, d'anciens cahiers de délibérations, de comptes, de déclarations de grossesse, etc., qui sont conservés, ou le plus souvent égarés pêle-mêle dans les greffes civils du département. Ne pourrait-on faire rechercher, rassembler en un même dépôt et rendre faciles à consulter ces diverses pièces qui intéressent le pays et comportent, outre leur valeur historique, bien des renseignements utiles pour les personnes et les propriétés?

MANUSCRITS, TERRIERS, CARTULAIRES, ETC.

ALLONVILLE (Mᵐᵉ JEANNE d'), abbesse. — Histoire du monastère des Cordelières du Mont Sainte-Catherine-lès-Provins, continuée par Mme de Montbron (1648-1662), aussi abbesse de ce couvent; manuscrit conservé à la bibliothèque de Provins.

AMYOT (Jacques), évêque d'Auxerre, natif de Melun. — Sa vie écrite par lui-même, manuscrit latin inachevé.

AUBERT ou HUMBERT de FLÉGNY (J.-B.), maire de Coulommiers. — Mémoires historiques sur les origines de Coulommiers, écrits vers 1770 et conservés par la famille de l'auteur.

ARNOUL de LAGNY, abbé. — Vie de St-Furcy et histoire de ses miracles, manuscrit latin du xiᵉ siècle.

BILLATE (Nicolas), chanoine-régulier de l'Hôtel-Dieu. — Histoire de l'Hôtel-Dieu de Provins, et description en vers latins de cette ville (conservées à Provins). L'auteur se disposait à publier une *Histoire de Provins* lorsqu'il fut arrêté comme janséniste, vers 1740.

BOUTINOT (Denis), curé de la Villeneuve-le-Comte, le plus ancien du diocèse de Meaux. Histoire de la Villeneuve-le-Comte, etc., (conservée autrefois à l'évêché de Meaux).

— Code de la Villeneuve-le-Comte, à l'usage des curés gros-décimateurs, etc.

— Du curé de Villeneuve-le-Comte, comme gros-décimateur, etc. (Ces deux derniers manuscrits, écrits vers 1770, sont conservés à la fabrique de cette paroisse).

BORDEREAU, avocat à Meaux. — Recueil de tous les évêques de Meaux, manuscrit du xviᵉ siècle, confondu depuis avec celui de Lenfant, son continuateur, conservé à la bibliothèque publique de la ville de Meaux.

BOSSUET, évêque de Meaux. — Epreuves manuscrites du catéchisme de Meaux, avec le traité de Bossuet et son libraire, v^e Bénard, à Paris, t. 3 de ses manuscrits à la bibliothèque impériale, supp. franç., n° 5133.

Plusieurs manuscrits de ce prélat, achetés par Mgr Gallard, évêque de Meaux, sont à la biblioth. du séminaire de cette ville.

CHABROL, étudiant en droit. — Mémoire manuscrit sur Agendicum (Sens), écrit vers 1820.

CORDIER (MICHEL-MARTIAL), ancien archiviste de la terre de Coulommiers, député à la convention. — Essai historique et topographique sur la ville de Coulommiers-en-Brie ; avec cette légende : *Fas mihi quod vidi, legi, cepi et comparavi referre ;* manuscrit de 1789, in-4° avec pl., qui a été vendu et se trouve égaré. (M. Michelin, dans ses Essais historiques sur Seine-et-Marne, en a donné un volumineux extrait, mais souvent inexact), page 1081.

COUSINET (le R. P. JACQUES). — Table chronologique des abbés de N.-D. de Chaâge, à Meaux. etc. (Manuscrits in-f° conservé autrefois à la bibliothèque Ste-Geneviève, à Paris).

DAMIENS DE CALENDIERS, curé de Liverdy-en-Brie. — Mémoire sur les antiquités de Tournan-en-Brie et ses dépendances, manuscrit du XVIIIe siècle, conservé par la famille de l'auteur.

DAUVERGNE (Anatole), membre de la Société française. — Notice sur l'église prieuriale Ste-Foy, de Coulommiers, avec un dessin de quelques objets trouvés en démolissant cet édifice.

— Chapelle de l'ancienne commanderie de l'hôpital sur Coulommiers, O. de Malte et du Temple, avec dessins. (Présenté au comité de la langue, de l'histoire et des arts, 1853).

DUDRAC (Adrien), lieutenant-général du bailly de Meaux. — Ordinaire de l'évêché de Meaux, compulsé à Meaux par A. Dudrac, le 21 octobre 1508. Manuscrit conservé autrefois à l'église St-Thibault, de cette ville.

FÉLIBIEN (André). — Histoire des châteaux royaux (Fontainebleau), manuscrit de la bibliothèque impériale que M. A. de Montaiglon doit prochainement éditer).

FRÈLON (Quiriace), 1er syndic et père temporel des capucins de Provins. — Journal manuscrit (conservé à Provins).

FULCOIUS, de Beauvais. — Vita Sancti Blandini, 1070, 1 petit vol. in-4° sur papier, avec la traduction française de P.-N. Lecoq, diacre du diocèse de Meaux, en 1705, sous ce titre : La vie de St-Blandin, ermite de Brie. (Manuscrit de la bibliothèque publique de Meaux).

— Vies de St-Ayle et de St-Faron, manuscrit latin conservé autrefois à Beauvais.

GRILLON (Eustache), docteur-médecin de l'Hôtel-Dieu de Provins. — Mémoires historiques sur Provins jusqu'en 1616. (Manuscrit, conservé autre-fois à l'Hôtel-Dieu de Provins).

— Vie de St-Thibault, natif de Provins, poème en vers latins.

GUALTÈRE, religieux du couvent des Sts-Pères, à Melun. — Manuscrit relatif aux origines de Melun, etc. (Achevé en 1136, cité par M. Nicolet, histoire de Melun, p. 355).

HANU, échevin. — Mémoire concernant l'assiette et l'impositon des tailles à Provins. présenté à l'Assemblée des notables le 26 juin 1768 ; manuscrit conservé à Provins.

HATON (CLAUDE), curé du Mériot. — Recueil de l'histoire particulière de plusieurs cas advenus en notre temps au royaume de France, et principale-ment en la ville de Provins et baillage d'icelle, desquelles l'auteur a eu connaissance suivant les temps et saisons qui seront déduits ci-après, depuis 1543 jusqu'en 1586 ; 6 vol in-f°. Ce manuscrit a passé des mains de M. Ruffier à la bibliothèque de M. de Ménars, puis à l'hôtel Soubise ; maintenant 5 vol. sont égarés, un seul reste à la bibliothèque impériale, n° 5, f., 2036-74 ; il commence à l'année 1554. (M. Ruffier a publié une partie des manus-crits de Cl. Haton, dans son ouvrage sur Provins, et M. Félix Bourquelot a donné en 1850 une étude sur Cl. Haton et son histoire).

HÉBERT, avocat au parlement. — Mémoires sur

Coulommiers (conservés autrefois par M. Huvier, son gendre).

HÉBERT DE ROCMONTS. — Vie ou éloge de St-Faron, évêque et comte de Meaux, tirée des auteurs anciens et modernes, 1689, in-4° de 435 p. (A la bibliothèque publique de Meaux).

JANVIER (Pierre), curé. — Mélanges historiq. sur la ville de Meaux depuis son origine, et le diocèse jusqu'en 1676 ; 6 vol. gr. in-f°, conservés à la biliothèque de Meaux, (autrefois à St-Faron), sous ce titre : Les fastes et annales des évêques de Meaux, dédiés à Bossuet.

JOUBERT (Claude) et M. GIRARD, de Provins. — Journal manuscrit conservé à Provins.

LECOURT, de Provins. — Journal manuscrit à la bibliothèque de Provins.

LEDIEU (l'abbé François), secrétaire de Bossuet. — Mémoires, notes et documents sur l'antiquité et l'histoire de la ville et du diocèse de Meaux (cités par D. Duplessis dans la préface de son histoire de l'Eglise de Meaux), trois ou quatre portefeuilles. « La bibliothèque historique du P. Lelong en cite « aussi 3 vol. in-f°. »

— Mémoire sur Bossuet, évêque de Meaux, (manuscrit daté du 16 mai 1704, acquis en 1838 par la bibliothèque impériale).

— Journal relatif à Bossuet de 1699 à 1704, et continué jusqu'en 1713. Confié à M. l'abbé Guettée qui en a donné une 1re édition. précédée ?

moire sur Bossuet, avec introduction et notes ; Paris, Didier, 1856, 57, 4 vol. in-8°. Un extrait de ce journal est à Meaux à la bibliothèque du séminaire, et une copie en la possession de M. Guillon de Mauléon, conservateur de la bibliothèque Mazarine, à Paris.

— Procès-verbaux des visites pastorales de Bossuet, 2 vol. manuscrits (égarés).

LEDIEU et CHASTELAIN. — Calendrier de l'église de Meaux (qui a servi de base aux livres lithurgiques du diocèse).

« Quelques autres manuscrits de l'abbé Ledieu « existent, dit-on, encore à Meaux, à l'évêché et à « la bibliothèque de M. Dassy. »

LENFANT, procureur. — Mémoires historiques sur la ville et les évêques de Meaux, in-4°, 1613. (Ne forment qu'un corps d'ouvrage avec les recherches de Bordereau, qu'il a continuées ; se trouvaient autrefois à St-Faron, et sont maintenant à la bibliothèque de la ville de Meaux).

MICHELIN (L.), imprimeur à Provins. — Provins, poème héroï-comique en 6 chants, composé à la Bastille ; (manuscrit qui se retrouve dans ceux de M. Itier, à Provins. Le 1er chant a été imprimé).

— Histoire des comtes de Champagne et de Brie, restée manuscrite.

MOISSY (Ch.), curé de St-Ayoul, doyen de la chrétienté. — Notes manuscrites sur Provins, dans les registres de sa paroisse, jusqu'en 1622.

MOUTON (Pierre), maître-menuisier, à Meaux.
— Antiquités de Meaux, tant du spirituel que du
temporel ; 3 vol. in-8°, 1740-48, conservés autrefois manuscrits dans la famille de l'auteur.

MULEY (dom), bénédictin, — Recueil des
chartes du pays de Picardie, Soissonnais et Brie.
(Ce travail était commencé en 1772, lorsque dom
Muley fut appelé pour faire le cartulaire de St-Père
de Chartres ; il est demeuré inachevé).

NIVERT (Denis), receveur des deniers communs
de la ville et châtel de Provins. — Journal manuscrit conservé à Provins.

PASQUES, bibliothécaire de Provins. — Abrégé
de l'histoire de Provins, (manuscrit de la bibliothèque de cette ville), 3 vol. in-f°.

— Journal de 1814 et 1815, 3 vol. manuscrits, id.

PHÉLIPEAUX (J.), précepteur de l'abbé Bossuet. — Chronique ou histoire des évêques de
Meaux jusqu'en 1681. Manuscrit latin de la bibliothèque de Meaux. (Ce n'est qu'une copie donnée
autrefois par M. de Saint-André aux moines de St-
Faron).

PÉRAU (l'abbé). — Vie de Bossuet, évêque de
Meaux, manuscrit en partie à la bibliothèque impériale et partie à celle du séminaire de Meaux.

QUILLET (Abraham). — Journal manuscrit conservé à Provins.

RACINE (dom R.-Fl.), pr. de St-Fiacre. —
Histoire du prieuré de St-Fiacre, dépendance de

celui de St-Faron de Meaux, manuscrit de 1761 conservé autrefois à St-Faron.

— Registre des faits mémorables, etc., manuscrit, id.

RAYER (Jean), curé de St-Quiriace. — Vie de St-Thibault, de Provins ; manuscrit de 1690.

RÉMONS de COURS. — Mémoire pour servir à l'histoire des comtes de Champagne, donné à la bibliothèque impériale par le neveu de l'auteur, le 13 août 1748.

RIVOT (Claude), médecin, maire de Provins. — Documents pour l'histoire civile et ecclésiastique de Provins, 7 vol., 1784, (conservés à Provins).

ROCHARD (Claude), lieutenant du 1ᵉʳ chirurgien du roi. — Histoire de la ville de Meaux, tirée des mémoires de J. Lenfant et de P. Janvier, 1735, manuscrit in-4° avec plans. (Il manque 1 vol. comprenant les années 1610 à 1704),

— Antiquités de Meaux, 1721, manuscrit in-f° de 425 p. (Bibliothèque publique de Meaux).

RUFFIER (Louis), maire de Provins. — Histoire des monnaies de Provins,

— Généalogie des comtes de Champagne et de Brie ; 1700.

— Documents relatifs à la ville de Provins et vie de St-Ayoul ; (Conservés à Provins).

SINETY (le vᵗᵉ Elzéare de). — Notice sur la Faune de Seine-et-Marne, 1856. (A la bibliothèque publique de Fontainebleau).

SAINT-ANDRÉ (l'abbé de). — Manuscrit de la relation de la mort de Mgr Bossuet, évêque de Meaux. (Bibliothèque impériale, t. 17e des manuscrits de Bossuet, no 5133).

TAIX (GUILLAUME DE). — Mémoire des affaires du clergé de France aux premiers États de Blois, en 1576, et depuis dans les assemblées tenues tant à Melun qu'à l'abbaye de St-Germain, etc., in-fo de 560 p. (Conservé à la bibliothèque de Lyon, no 1003).

THOMÉ (l'abbé CH.-J.), chanoine de Meaux en 1750. — Liste des comtes de Dammartin-en-Goëlle.

— Fondation du prieuré de Ste-Céline de Meaux, avec une liste des prieurs, faite sur les titres originaux communiqués par M. Berthier à M. Thomé.

— Recueil sur les droits et priviléges dont ont joui de tout temps les évêques de Meaux, etc., par Ch.-J. Thomé.

— Diverses généalogies de Brie et de Meaux.

— Recueil de pièces du xve siècle sur l'église de Meaux, in-fo. (Au sujet de l'interdiction par le pape Sixte IV).

— Recueil de pièces concernant l'église cathédrale de Meaux, composées et recueillies par l'abbé Thomé : 1o Description de la cathédrale; 2o Mémoire sur l'offrande du jour de St-Étienne; 3o Remarques sur une cérémonie singulière du jour de Pâques après matines; 4o Catalogue des chanoines depuis 700 ans; 5o Pièces manuscrites et imprimées sur les différends du chapitre et de l'abbaye de St-Faron ; 6° Pièces sur le chapitre de St-Saintin, dépendant de la cathédrale ; 7° Abrégé du procès des chanoines de Meaux, etc.

— Table du cartulaire de l'église de Meaux, (à la suite de ce cartulaire, à la bibliothèque de Meaux).

(Les nombreux manuscrits de l'abbé Thomé, natif de Coulommiers ou des environs, qui s'occupa ardemment de l'histoire locale, passèrent à sa mort à la bibliothèque de la cathédrale de Meaux).

VARET (ALEXANDRE), grand vicaire de Sens. — Factum pour les religieuses du Mont-ste-Catherine-lès-Provins, contre les PP. Cordeliers de la même ville ; manuscrit présenté à la reine, conservé à la bibliothèque de l'arsenal, à Paris. (Il a été imprimé en 1668 et 1679).

YTIER ou ITIER (NICOLAS-PIERRE), doyen de St-Quiriace. — Histoire civile et ecclésiastique de Provins ; (à la bibliothèque de cette ville), manuscrit sur vélin, ayant appartenu à M. Nivert.

— Miscellanées, recueil historique relatif à Provins, id.

ANONYMES.

—

— Mémoire pour le droit de juridiction et prévention appartenant au Roy en son baillage et château de Provins contre les seigneurs haut-justiciers; 1556. (Aux archives impériales, J, 206).

— Table de divers cartulaires de Champagne et de Brie, in-f°, conservée autrefois dans les manuscrits de M. Dupuy, n° 229.

— Remarques en forme de lettre adressée à dom Duplessis par un curé du diocèse de Meaux, sur Meaux; (conservé par l'abbé Thomé dont les manuscrits ont passé aux archives de la cathédrale).

— Compte entre Mme Catherine de Gonzague, dame de Coulommiers et son intendant, arrêté le 14 novembre 1622; manuscrit aux archives municipales de la ville de Coulommiers.

— Recueil de différentes pièces tant imprimées que manuscrites concernant la ville de Meaux et l'abbaye de Jouarre et autres lieux circonvoisins; in-f° de la bibliothèque du duc d'Estrées autrefois.

— Description de l'entrée de M. Bossuet à Coulommiers, le 12 mai 1684; manuscrit appartenant autrefois à l'abbé Thomé.

— Aspect de l'évêché de Meaux, à très-excellent... Mgr de Ligny; poème de 400 vers, in-4°, (conservé autrefois par M. Jardel, à Braisne).

— Recueil de plusieurs lettres et du procès-verbal, concernant la descente de la châsse de Saint-Fiacre à Meaux ; (cité par l'abbé Lebœuf, appartenait à l'abbé Thomé).

— Inventaire des reliques, châsses etc., de l'abbaye de Faremoutiers... jusqu'en juillet 1686 (manuscrit autrefois à l'abbé Thomé).

— Protocole des bénéfices ecclésiastiques de la cité et du diocèse de Meaux etc., 1720 (apparté-nant au même).

— Cahier des doléances du Tiers-État de Pro-vins aux États-Généraux d'Orléans, en 1560; ma-nuscrit appartenant à M. Maxime Michelin, de Provins (a été publié par M. Félix Bourquelot, dans le bulletin des comités historiques 1849).

— Déclaration du temporel de l'abbaye de Notre-Dame du Pont-au-Dames, depuis l'an 1226; in-f°, à la bibliothèque impériale. (C'est un extrait du registre de la chambre des comptes fait en 1673).

— Règle de St-Benoist de l'abbaye de Chelles, manuscrit in-4° de la bibliothèque de la ville de Meaux.

— Traduction de l'article Meaux de M. Macquin dans l'encyclopédie de Londres; 1814, in-4° (ma-nuscrit de la bibliothèque de Meaux).

— Délibération de la noblesse du baillage de Meaux en l'assemblée de 1789; un cahier in-f° conservé à la même bibliothèque.

— Généalogie de la maison de Champagne, 1 vol. in-f° relié, vendu avec les manuscrits de la bibliothèque du chancelier Séguier en 1686.

Vita è miracoli del gloriosissimo principe San Fiacrio eremita, in-f° de 500 pages (bibliothèque de la ville de Lyon, n° 148).

— Ordin. Sancti Faronis, etc., in-f° de la bibliothèque de Meaux.

— Histoire du monastère et du pélerinage de St-Fiacre en Brie, manuscrit du 18e siècle, in-4° de 435 pages sur papier. (Donné à la bibliothèque de Meaux par les héritiers Dulisse).

— Registre du XVIIe siècle contenant des sentences, actes judiciaires et titres, la plupart originaux, relatifs aux églises et prieurés; manuscrit de la bibliothèque de Meaux.

— Sommier et livre de recette des décimes imposés au diocèse de Meaux, 1 vol. in-f° de 453 pages, commençant en 1659 (bibliothèque de Meaux).

— Ordonnances des rois de Frances sur la draperie de Provins, cahier manuscrit de la bibliothèque de Provins.

— Tombeaux et épitaphes des églises de l'Ile-de-France, 1 vol. in-f° relié en veau rouge marbré (conservé à la bibliothèque Bodléïenne d'Oxford).

— Tombeaux et épitaphes des églises de Brie, 1 vol. in-f°, id.

— Histoire manuscrite de l'abbaye de Châge de Meaux (citée par D. Duplessis).

— Chronique manuscrite de St-Quiriace (très-anciennement conservée à Provins).

— Histoire manuscrite de l'abbaye de Lagny.

— Histoire du transport des reliques de St-Thibaud, d'Italie à Lagny, avec les miracles, (manuscrit latin des religieux de Lagny, composé vers le xiie ou le xiiie siècle).

— Mémoire envoyé à Mgr l'Intendant le 2 mai 1698, concernant une statistique exacte de Provins et de son élection (pièce manuscrite, publiée par M. Michelin dans ses essais sur le département de Seine-et-Marne).

— Terrier de la seigneurie de Claye, in-f° de 120 feuillets sur vélin de 1548, bien conservé, manuscrit de la bibliothèque de Meaux.

— Terrier de St-Fiacre et de Tancrou, 1621, in-f° (id.)

— Terrier de May-en-Multien, 1 vol. in-f° sur papier. (id.)

— Terrier de Bussières, 1 vol. in-f° sur papier. (id.)

— Terrier des religieux de Reuil, de 1613 à 1627. (id.)

— Divers terriers rassemblés en 1 vol. in-f°. (id.)

— Nécrologe du chapitre de Meaux, 1 vol. in-4° sur vélin de 400 feuilles de diverses écritures (bibliothèque de Meaux).

— Cartularium monasterii Sti Johannis de Jardo

6*

propè Melodunum, in-f° (à la bibliothèque Impériale).

— Cartularium Eccles. Meldensis, in-f° sur vélin de l'an 1300. (id.)

— Cartulaire de Notre-Dame du Lys, in-f° de 280 feuilles de l'an 1607, contenant 149 pièces de 1248 à 1549 (aux arch. départ.).

— Id. de Fontaine-les-Nonains, in-f° de l'an 1788. (id).

— Id. de Noëfort, in-4° de l'an 1780, — 113 pièces. (id).

— Id. de Fontaine-lès-Nonains, 1 vol. in-f° (à la bibliothèque de Meaux).

— Id. de l'église de Meaux, 4 vol. in-f° sur parchemin, avec tables de l'abbé Thomé, — pièces de 1004 à 1495 (bibliothèque de Meaux).

— Id. de l'abbaye de Chelles, 1530, 2 vol. in-f° sur parchemin d'une écriture superbe. Le 1er vol. (1127 à 1530) était à la bibliothèque de Meaux, et le 2e aux archives de la préfecture à Melun; ils ont été récemment réunis à Meaux.

— Cartulaire de la ville de Provins (conservé à Provins).

— Cartulaires manuscrits de Michel Caillot, de Rén. Accore etc. (à Provins).

— Petit et grand cartulaire de l'Hôtel-Dieu de Provins, et nécrologe de cet Hôtel-Dieu (manuscrits de la bibliothèque de Provins).

— Cartulaire des comtes de Champagne (bibliothèque Impériale).

— Cartulaires du Mont Notre-Dame, à Provins, et de Notre-Dame du Val, (à Provins).

— Martyrologe des cordeliers de Provins (manuscrit à Provins).

— Calendrier et nécrologe St-Blaise, à Provins (id).

— Martyrologe de St-Quiriace (id.)

— Extenta terre comitatus Campaniœ et Briœ, grand in-f°, coté K, 1154 (aux archives impériales).

— Nécrologe des cordelières de Provins (à Provins).

— Comptes de St-Quiriace, St-Ayoul, Ste-Croix, et registres de Notre-Dame du Val, de Provins (à Provins).

— Registre de titres en parchemin, ayant rapport à la seigneurie et Châtellenie de Crécy, avec tables alphabétiques (Archives impériales, carton P., 204).

— Cartulaire de la commune de Meaux, conservé autrefois à la chambre des comptes de Paris, dépôt des terriers.

— Nécrologe du chapître de Meaux, manuscrit du XIV° siècle (dont un abrégé manuscrit était à la bibliothèque de Colbert).

— Nécrologe de Meaux (même bibliothèque n° 1573).

ARCHIVES DÉPARTEMENTALES CONSERVÉES A MELUN.

(M. LEMAIRE, Archiviste).

Tableau sommaire d'après le tableau général par fonds publié par la commission des archives départementales et communales; Paris, 1848, in-4°.

ARCHIVES CIVILES.

Juridictions et administrations	Titres concernant le domaine de Meaux (de 1751 à 1776), 6 registres et une liasse. 82 liasses ou cartons de pièces des anciens bailliages et prévôtés (1522-1789). Capitainerie de Fontainebleau (1650-1789). Intendance de Paris (1777-1789)
Instruction publique.	Collége des Oratoriens de Provins (1766-1789), 1 registre. Divers colléges (1291-1770), 1 liasse, 2 chartes.
Féodalité, familles, bourgeoisie, communes, corporations.	Pièces, registres, plans, liasses, portefeuilles et chartes ayant rapport aux comtés de Melun, Crécy, Provins et autres, aux justices et fiefs, aux communes, à la bourgeoisie, aux corps de métiers, etc. (1255-1790).

ARCHIVES ECCLÉSIASTIQUES.

Clergé séculier.
{ Évêché de Meaux (1290-1700), chapitres, collégiales, églises paroissiales, chapelles; séminaire de Meaux, etc.

Clergé régulier.
{ Titres, registres, plans et atlas, liasses de pièces, relatifs aux abbayes, couvents, commanderies et prieurés (1100-1793).

Hôpitaux et œuvres charitables.
{ Hôpital de Meaux (1629-1789), 1 liasse.
  24 autres hôpitaux (1290-1797), 6 liasses.
  Hôpital de la Madeleine, de Rouen,
  Maisons de charité dans 7 paroisses, } 3 liasses.

Nombre et nature des Pièces conservées aux Archives départementales.

	VOLUMES OU Registres.	PLANS.	Liasses, Cartons ET Portefeuilles.	CHARTES.
Archives civiles.	128	747	360	479
Archives ecclésiastiques.	199	176	310	247
TOTAUX.	327	923, 5 atl.	670	696

§ 6.

CARTES ET PLANS, DESSINS, ETC.

—

ACHIN. — Environs de Paris dans un rayon de 30 lieues, pour l'ouvrage de Dulaure ; 1839, nouvelle édition, 1 feuille.

AUVRAY (T.) — Environs de Paris, in-f°.

BRUÉ (A. H.) — Carte topographique des environs de Paris, 2 feuilles grand monde; nouvelle édition 1825 ; revue et corrigée 1842.

BAZIN. — Carte de Champagne et de Brie, 2 feuilles, 1790.

BELLICARD (J.-C.) — Carte de la forêt de Fontainebleau, exécutée pour le roi Louis XV.

BINETEAU (P.) géographie. — Seine-et-Marne, 1 feuille, 1852 ; dans la France illustrée de Malte Brun.

BONNET, ingénieur géographe. — Carte topographique de Seine-et-Marne par arrondissement ; la même, rectifiée et augmentée d'après les travaux du cadastre etc., dédiée à M. de Goyon, préfet ; 6 feuilles.

BRION (L. DE) — Atlas géographique et statistique de France en 108 départements ; cartes et texte, in-4°, 1803.

CANTELLI (JA.) — Ile-de-France, in-f°, 1697.

CHANLAIRE (P. G.) — Atlas national de France en départements, in-f° de 110 cartes, 1803 ; revu en 1818.

— Nouvel Atlas par départements, arrondissements et cantons etc., 1802, 102 cartes in-4°.

— Tableau général de la division de la France, 86 cartes in-4°, 1802.

COUTAN. — Carte des environs de Melun.

COUTANS (DOM.) — Atlas topographique des environs de Paris, 18 lieues, revu et corrigé par Picquet père et fils ; 1844, 17 feuilles.

CUVIER et BRONGNIART. — Carte géologique et minéralogique des environs de Paris, 1811, 1 feuille.

D..... — Carte géographique du diocèse de Meaux, 1785.

— La même, avec les routes, 1786.

DAJOT, ingénieur en chef des ponts et chaussées. — Carte hydrographique de Seine-et-Marne ; 1855 (médaille de 1re classe à l'exposition universelle de 1855).

DARMET. — Atlas national de France, par départements divisés en arrondissements et cantons, par Charles, avec des augmentations, 80 feuilles, 1840.

DEFER (NICOLAS). — Carte générale de l'Ile-de-France, 4 feuilles in-f°, 1668.

— Ile-de-France et environs de Paris, corrigé par Denon, in-f°, 1690.

— Environs de Paris, 1690, 1712, 4 feuilles.

DEFER (NICOLAS). — Carte du bourg, du jardin et de la forêt de Fontainebleau, 1760, in-f°.

— Plan du bourg de Fontainebleau, du château et des jardins, in-4°.

DELAHAYE (GUILL.-NIC.) — Cartes de la forêt de Fontainebleau ; 1780, 1802.

DÉPOT DE LA GUERRE. — Carte topographique de la France, sous la direction du général Pélet, en 259 feuilles grand-aigle ; — feuilles de Meaux (49) ; Melun (65) ; Provins (66) ; Fontainebleau (80), avec notices.

DÉNECOURT (C. F.) Carte du voyageur dans la forêt de Fontainebleau, 1 feuille, 1842.

— Carte itinéraire de Paris à Fontainebleau, 1842.

DENIS (L.) — Environs de Paris, 1758, in-f°.

DENIS et PASQUIER. — Carte de la forêt de Fontainebleau, divisée etc., 1764, in-f°.

DIDIER, arpʳ de la maîtrise de Crécy. — Plan de Crécy, 1770.

DONNET (ALEX.) — Environs de Paris, 1829, 1 feuille grand-monde.

BONNET avec MONNIN et FRÉMIN. — Atlas des départements, 86 cartes, 1840.

DUBOIS. — Environs de Paris, rayon de 14 lieues, réduction de la nouvelle carte de l'état-major (1 feuille 1842).

DUFOUR (A. G.) — Atlas départemental de France, avec notice statist. par A. Guilbert, 1840, 86 feuilles.

DUMOULIN. — Cartes des élections de la généralité de Paris, en 22 feuilles in-4° (dans la description de la France, 1764, tome 1er, in-8°).

DUSOMMERARD (A. L.) — Vues de Provins, dessinées et lith. en 1822, par plusieurs artistes ; grand in-4°, 1822.

DUVIVIER. — Environs de Paris, 3 feuilles.

DUVOTENAY (Dufour et) — La France, atlas des 86 départements, divisés etc., imprimé en couleur, 1844.

DUVAL. — Carte de l'Ile-de-France, du Vexin, du Hurepois et de la Brie ; 1677, in-f°.

GUILLOTIÈRE (de la) — Ile-de-France, 1598, 1603, in-f°.

HÉBERT (P. Nic.) — 6 dessins coloriés du château de Coulommiers (1712).

HESSELN (de). — Nouvelle topographie ou description détaillée de la France, en 71 cartes, avec texte ; 1785, in-f°.

Ingénieurs-géographes. — Carte des chasses du roi à Fontainebleau, dressée au dépôt de la guerre, levée par les..... 1809, 1 f.

JAILLOT. — Envir. de Paris, 4 f. in-f°.; 1723.

— Généralité de Paris ; 1725, 4 f. in-f°.

JANVIER. — Carte du gouvernement militaire de l'Ile-de-France ; 1760, in-f°, (corrigée de celle de 1746).

LAGRIVE. — Carte topographique des environs de Paris ; 1731, 9 f. in-f°.

LALLEMANT. — Manuel géogr., hist. et statist. des départements de la France et des colonies ; un fort vol. in-8°, 1828, 97 cartes.

MAROT (JEAN), archit. parisien. — 4 vues gravées du château de Coulommiers. (Rec. des plans, profils et élév. de pl. châteaux, in-4°, sans date.)

MAUGENDRE (A.) — Meaux, vue prise de la Pépinière, 1856. Paris, Bry.

MÉALIN (CH.), cond. des ponts et chaussées. — Carte routière de Seine-et-Marne, dressée en 1853 sous l'adm. de M. de Magnitot, préfet, d'après le nouveau classement des voies de commun., adopté par le conseil général, et présenté par M. Dajot, ingén. en chef du départ. ; Paris, Regnier et Dourdet, in-f°.

MERCATOR. — Carte de l'Ile-de-France, Picardie et Champagne ; 1609, in-f°, 1613.

MONIN. — Petit atlas national de France, 96 cartes in-4°, Seine-et-Marne , (pour la France pittor, d'Abel Hugo), 1835.

NICOLET. — Carte de Seine-et-Marne, 1826, Melun.

NOLIN (J.-B.). — Champagne et Brie ; 1699, in-folio.

— Environs de Paris ; 1698, 4 f., 1756.

PERROT. — Carte géolog. des environs de Paris ; 1840, in-f°.

PERROT et AUPICH. — Atlas de la France, cartes des 86 départ., 98 f. in-f°, avec texte marginal ; 1823, revu en 1840.

PEETERS (Job). — Vue de la ville de Meaux, vers 1650.

PIQUET. — Envir. de Paris, carte réduite de celle de l'état-major ; nouv. édit. ; 1844, 1 f.

RÉGLEY (l'abbé). — Recueil des 22 élections de Paris ; 1763, in-4°.

ROBERT de VAUGONDY. — Environs de Paris, 1831, in-folio.

ROUGET. — Plan de Crécy-en-Brie ; in-f°.

SANSON (N.). — Champagne et Brie ; 1650, in-f° ; 1687.

— Ile-de-France, Champagne et Lorraine ; 1650-79, in-f°.

— Ile-de-France et généralité de Paris, 2 f. in-f° ; 1692, 1708.

— Gouvernement de l'Ile-de-France ; 1648-51, in-f°, 1679-1708.

— Envir. de Paris, in-f°.

SEMANE, géom. en chef du départ. — Carte routière de Seine-et-Marne, dressée par ordre du conseil général ; 1842, 1 f.

— Carte itinéraire du département de Seine-et-Marne ; 1843.

SÉNARMONT (H. DE), ingénieur de 1ʳᵉ classe au corps des mines. — Carte géolog. du département de Seine-et-Marne; 1844, avec texte explicatif, 1 vol., 2ᵉ édition, 1851.

SINQUINNEMART (DE). — Plan géométral de la forêt de Fontainebleau ; 1727, 2 gr. f. in-f°.

SYLVESTRE (ISRAEL). — Vue gravée du château de Coulommiers, au XVIIIᵉ siècle. (Reprod. diverses fois en France et en Allemagne).

— Une vue de Meaux.

TARDIEU (B.). — Carte détaillée des environs de Paris ; 1825, in-f°.

TASSIN. — Ile-de-France et Brie ; 1625, in-f°.

— Ile-de-France, Valois et Tardenois, in-f°.

TEMPLEUX (DE). — Ile-de-France, 1617, in-f°.

— Carte du pays de Brie, in-f°.

VAN THEULDEN (TH.). — La galerie du chât. royal de Fontainebleau, représentant les travaux d'Ulysse par le Primatice, peints par Nicolo, gravée sur cuivre par Van Theulden, avec l'explication; in-4° oblong. (Vendu en 1782 chez le duc d'Aumont, 17 livres).

VILLENEUVE, ingén. des mines. — Carte agronomique du départ. de Seine-et-Marne ; 1853.

ANONYMES.

—

— Table géographique des distances des princip. villes de l'Ile-de-France ; 1694, in-fᵒ.

— Atlas géog. des environs de Paris; 1761, in-16.

— Plan de l'Agendicum - Provins (comm. de César, édit. de Lemaire, et dans l'ancien Provins, par Ch. Opoix).

— Carte de la forêt et du château de Fontainebleau, in-fᵒ.

— Route de Paris à Versailles et à Fontainebleau ; 1764, in-fᵒ.

— Carte de la Champagne et de la Brie, en 4 f. colombier ; 1789.

— Analyse de la France, ou Recueil de petites cartes des provinces ; 1764, in-24 ; 1765, in-12.

— Atlas des provinces de France, 13 feuil. in-4₀ 1765.

—Seine-et-Marne (dans le petit atlas national des départements de la France; 1834, 90 cartes, in-4ᵒ).

— Carte itinér. de Seine-et-Marne, au 150,000ᵉ, 1 f. grand-aigle ; coloriée, 4 fr.

— Carte routière de Seine-et-Marne ; 1854, in-fᵒ.

— Carte du département de Seine - et - Marne (pour les Essais hist. de M. Michelin) ; 1829.

— Carte des environs de Paris, donnée par l'A-
cadémie des sciences, 1674.

— Plan du château du Vivier, près Fontenay.
(Aux archives impériales).

—

TABLE GÉOGRAPHIQUE.

Meaux. — Impr. A. CARRO.

www.ingramcontent.com/pod-product-compliance
Lightning Source LLC
Chambersburg PA
CBHW052216270326
41931CB00011B/2378

* 9 7 8 2 0 1 2 6 2 5 2 3 5 *